JOUETS, NICHES ET FRIANDISES POUR MON CHAT

W0238777

Retrouvez Andréa Rolland
www.ladelicateparenthese.com
www.ladelicateparenthese.studio
www.parenthese-travel.com
Et sur Instagram @la_delicate_parenthese

Retrouvez Laetitia Barlerin sur :
France 5 - Émission « La Quotidienne » - Chronique « Miss Véto »
TF1 - Série « La Vie secrète des chats » (BBC)
La chaîne Animaux - Émission « Animaux stars » - Rubrique vétérinaire
Télé 7 Jours - Rubrique « Animaux »
Facebook - Laetitia Barlerin - Miss Véto
Instagram - @laetitia_barlerin

Santé, bien-être, vie quotidienne, cuisine, parentalité, psychologie, développement personnel, nature, loisirs et plus encore...
Suivez-nous sur Instagram :
@albinmichel_et_moi

Tous droits réservés.
© Éditions Albin Michel, 2021.

JE FAIS TOUT MOI-MÊME !

Andréa Rolland et Dr Laetitia Barlerin

JOUETS, NICHES ET FRIANDISES POUR MON CHAT

↳ Plus de 40 projets

Illustrations de Claire Morel Fatio

Albin Michel

SOMMAIRE

AVANT DE COMMENCER

QUI SOMMES-NOUS ?

ANDRÉA ROLLAND

En parallèle de mes expériences professionnelles dans le monde du marketing et de l'image, j'ai créé La Délicate Parenthèse.

La Délicate Parenthèse est née de l'envie de souligner chaque moment d'une vie, de mettre en avant les choses simples mais essentielles. Curieuse, rêveuse et perfectionniste, je cultive un goût particulier pour les petits plaisirs et trouve dans chaque détail du quotidien le moyen de capter des instants de vie et d'en extraire des créations. Espace dans lequel les notions de douceur, de minimalisme et de naturel dominent, La Délicate Parenthèse invite à laisser son esprit divaguer le temps d'une découverte et à se retrouver avec soi-même autour de créations *Do It Yourself*. C'est finalement offrir des inspirations décoratives, souffler des idées créatives pour que chacun puisse s'octroyer des parenthèses dans ce quotidien parfois tumultueux.

Lorsque j'ai accueilli mon chat Kalya, un petit sacré de Birmanie, ce fut une évidence pour moi, en tant qu'adepte du « DIY », de créer moi-même certains des aspects de son environnement, pour nous lier davantage.

www.ladelicateparenthese.com

Et sur Instagram @la_delicate_parenthese

LAETITIA BARLERIN

Je suis docteure vétérinaire, diplômée de l'École nationale vétérinaire d'Alfort et titulaire d'un DEA sur le comportement animal. Je suis également journaliste, animatrice télé et radio ainsi qu'auteure.

Ma passion de toujours : les animaux, et en particulier les chats. D'ailleurs, c'est moi qui anime en tant qu'experte la série documentaire « La Vie secrète des chats » dont les trois saisons ont été diffusées sur TF1. J'interviens aussi tous les mercredis dans « La Quotidienne » sur France 5 dans une chronique animalière où les chats ont souvent leur place.

Côté livres, mon dernier ouvrage est consacré aux chats et à leur comportement (*Chats : tout ce qu'ils essaient de nous dire*, éd. Albin Michel). J'ai toujours vécu avec des chats de gouttière ou de race et je suis sur le point d'accueillir un nouveau félin dans ma vie. Parce que je ne peux concevoir une maison sans chat !

Sur Facebook : Laetitia Barlerin - Miss Véto

Et sur Instagram : @laetitia_barlerin

L'INTÉRÊT DE FAIRE SOI-MÊME POUR SON CHAT

Dans une société où tout est aseptisé, la recherche d'unicité et de personnalisation de tout ce qui nous entoure s'impose. En créant soi-même ses objets de décoration, on entre dans une démarche de « consom'acteurs » : les produits ont une symbolique qui nous est chère par notre investissement et l'histoire qu'ils incarnent. Ainsi, le fait-main, le DIY, a plus que jamais toute sa place dans nos vies.

Adopter l'*upcycling* et la création est aussi une manière de respecter l'environnement. Cela permet de trouver des alternatives à nos envies d'achats dans le cadre d'une consommation plus raisonnée. Ainsi, pourquoi acquérir pour nos chats des objets venus des quatre coins du monde et possédant par ailleurs une durée de vie très courte ?

Mais le DIY n'est pas simplement une activité tendance et éthique. C'est aussi un rendez-vous avec soi-même, un moyen de se lier davantage avec ce que l'on fabrique et, indirectement, de se retrouver. En créant, on échappe au bruit de la vie, on instaure une coupure avec le quotidien et on laisse libre cours à son imagination. Et il possède un aspect développement personnel qui représente beaucoup : il porte en lui une dimension de fierté et d'estime de soi.

Dans chaque chapitre, les projets sont classés par ordre de difficulté, du plus facile au moins facile.

Enfin, au-delà de tout ça, grâce à ces créations, un lien fort se crée entre son chat et soi. Les moments de jeux et de partages auront une valeur supplémentaire ! Et c'est également un moyen de contrôler les éléments qui composent son environnement.

Créer pour son chat, c'est donc apporter une symbolique, de l'éthique, mais aussi du bien-être, pour vous et pour lui !

« En consultation, j'interroge beaucoup les propriétaires sur les conditions de vie de leur chat, dans les moindres détails. Qu'il sorte ou qu'il vive en appartement, le chat a des besoins et nous nous devons d'y répondre pour son bien-être, sous peine de le voir développer des troubles du comportement. Son espace repas, ses jeux, ses coins repos, ses toilettes, les griffoirs, l'aménagement de son territoire... Je donne de nombreux conseils pour rendre le chat heureux. Je recommande des accessoires adaptés, solides, sans danger pour l'animal et surtout qu'il voudra bien utiliser. Plutôt que d'acheter, de plus en plus de propriétaires m'expriment leur souhait de confectionner eux-mêmes ces accessoires (ou les friandises) et je les y encourage ! C'est économique, écologique, et en plus le DIY permet d'adapter l'accessoire à la taille, au poids et aux préférences du chat. Avec le plaisir d'avoir créé un objet unique pour un être unique, notre félin. Et c'est aussi une façon de lui exprimer toute l'affection que l'on a pour lui. »

DR LAETITIA BARLERIN

LES PETITS SECRETS DIY D'ANDRÉA

La décoration est pour moi primordiale pour se sentir en phase avec soi-même. Je pense que notre intérieur est comme une seconde peau, c'est pourquoi j'y attache énormément d'importance. Il me plaît de montrer que nous pouvons fabriquer de belles choses sans en faire trop. Les réalisations DIY, j'aime les retrouver par touches délicates pour sublimer le tout et créer un ensemble harmonieux et unique. Voici donc, à mes yeux, les éléments clés du DIY :

DE LA COLLE FORTE

Idéale pour un travail rapide et efficace, je la choisis « tous matériaux ». Elle me permet de fixer de nombreuses créations sans avoir à sortir ma boîte à outils.

LE MACRAMÉ

Une technique qui s'apprend facilement pour des résultats spectaculaires ! En quelques nouages, on obtient un élément de déco incarnant l'esprit bohème et l'évasion, comme on aime.

LE BOIS

Pour ceux qui connaissent mon univers, c'est ma marque de fabrique, ma signature. Ce matériau offre un large choix de possibilités créatives et des résultats originaux, tout en s'inscrivant dans un univers poétique, chaleureux et intemporel.

L'*UPCYCLING*

Alors que beaucoup d'emballages et de contenants ont une durée de vie très courte et sont destinés à être jetés, j'aime les imaginer autrement. Cartons, chutes de bois ou de tissus, tout est susceptible d'obtenir une seconde vie en quelques découpes et collages.

LESS IS MORE : L'ÉPURE

Point trop n'en faut ! Je suis adepte du minimal, de l'épure. À mes yeux, l'*upcycling* et le DIY sont déjà des activités chargées en valeurs, en symbolique et en âme. Alors inutile d'en ajouter davantage, ils se suffisent à eux-mêmes. Des matières naturelles, quelques notes colorées et l'équilibre esthétique opère.

QUELQUES PRÉCAUTIONS...

Quel que soit le produit fabriqué par vos soins, veillez à préserver la sécurité et la santé de votre petit compagnon. Le chat est un animal curieux qui aime inspecter les nouvelles choses, s'y frotter, mâchouiller. Il se toilette pendant des heures et peut donc ingérer des substances qui ont été en contact avec sa fourrure ou ses coussinets. C'est pourquoi il faudra, comme pour un enfant, employer des matériaux aussi naturels que possible (comme une peinture non toxique), et bien laisser sécher les colles et les peintures avant de lui mettre à disposition l'ouvrage. Vérifiez la solidité de l'ensemble car le chat a un certain poids et surtout de la force. N'hésitez pas à changer l'accessoire dès qu'il est abîmé ou effiloché. Attention aux fils et aux cordes qu'il pourrait ingérer ou qui peuvent constituer des pièges à collet. Et prenez garde aux huiles essentielles, à manipuler avec une extrême précaution en raison de leur toxicité très élevée pour le chat.

LES JOUETS

UN CHAT QUI JOUE
EST UN CHAT
EN BONNE SANTÉ

Le jeu est un besoin essentiel pour le chat et un signe de bonne santé physique et mentale, quel que soit son âge.

Chez le chaton, le jeu participe au développement psychomoteur, affine les réflexes, le fait grandir. Les jeux avec des objets (fausse souris, balle...) sont en fait des simulacres de chasse qui lui permettent de « s'entraîner ». Les jeux sociaux avec d'autres chatons, imitant attaques et bagarres, lui apprennent à se contrôler et à contrôler l'autre.

Adulte, le chat continue à jouer parce que cela le détend et lui fait du bien. L'activité ludique est en particulier essentielle à l'équilibre du chat d'appartement qui, de fait, ne peut pas chasser : elle permet de combler ses besoins de prédateur et de canaliser son énergie. Et si lui offrir des jouets toute sa vie est bien, jouer avec lui est encore mieux. À vous de le stimuler en agitant les jouets que vous lui avez confectionnés !

Pour faire plaisir à votre animal de compagnie, vous pouvez lui offrir des accessoires faits main, afin de maîtriser les éléments qui les composent et surtout d'apporter cette valeur supplémentaire aux jouets : celle de les avoir faits soi-même.

Afin de garantir la sécurité de l'animal, il est conseillé de le surveiller lorsqu'il s'amuse avec le jouet et de vérifier régulièrement son état. Lorsqu'il présente des déchirures, il est recommandé de le remplacer afin d'éviter l'ingestion de petits morceaux.

Pour la santé et le bien-être de votre animal domestique, pensez à toujours nettoyer ses jouets entre deux séances d'amusement.

PLUMES EN TISSU

Ces plumes en tissu solide, résistant aux griffes et aux morsures grâce à son épaisseur, vont très vite devenir les jouets préférés de votre félin.

1 Sur l'envers de chaque tissu, dessinez une plume. Faites-les de tailles différentes.

2 Découpez en suivant le trait.

3 Liez les deux plumes entre elles avec le cordon en suédine. Fixez le bout du cordon avec un point de colle.

LE CONSEIL DE LAETITIA

Vous pouvez prévoir une longueur plus importante de cordon en suédine et le fixer à une baguette en bois ou en plastique pour en faire une canne à pêche et agiter les plumes sous son nez.

IL VOUS FAUT

2 morceaux de tissu ciré
ou de similicuir
de couleurs différentes de 20 x 8 cm

De la colle

20 cm de cordon
en suédine

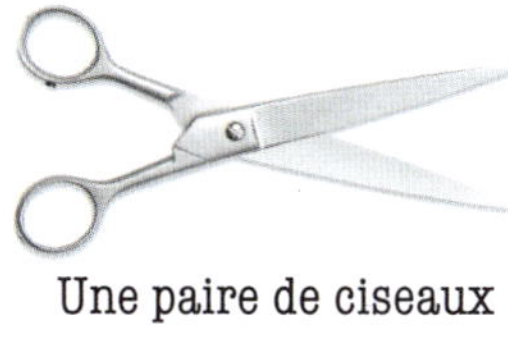

Une paire de ciseaux

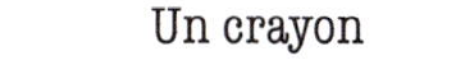

Un crayon

FRUITS ET LÉGUMES

En plus d'être sain, le sisal est solide et permet l'entretien des griffes. La confection ne prend que 20 minutes de votre temps et, une fois que vous avez compris, il est facile de créer toute une collection de fruits et légumes pour obtenir un panier plein. Vous offrirez ainsi une diversité d'objets à votre chat qui l'empêcheront de s'ennuyer.

1 Utilisez les formes en carton comme base pour coller dessus le cordage de couleur : le cône avec de la corde orange pour la carotte, deux boules superposées et de la corde jaune pour les poires et des boules simples avec de la corde rouge pour les cerises.

2 Découpez des formes de feuilles, de tiges et de fanes sur la feutrine.

3 Collez les feuilles, fanes et tiges sur les fruits.

LE CONSEIL DE LAETITIA

Choisissez des cordes avec une teinture non chimique pour le bien-être de votre chat. Utilisez une colle forte et attendez bien le séchage complet avant de donner le jouet à votre compagnon. Je conseille d'ôter le jouet dès qu'il est abîmé.

IL VOUS FAUT

10 boules en carton
ou en papier mâché
de tailles différentes

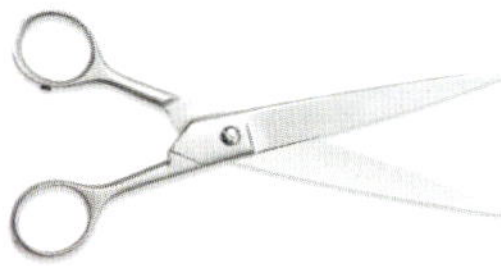

Une paire de ciseaux

Un morceau de feutrine
verte de 20 x 20 cm

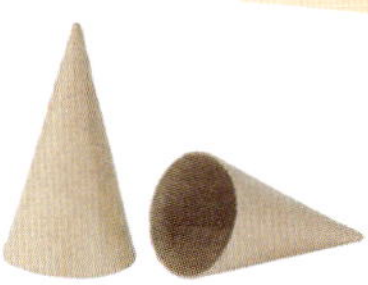

Un cône en carton
ou en papier mâché

De la colle

3 m de corde en sisal rouge
3 m de corde en sisal orange
6 m de corde en sisal jaune

ANNEAU DE CORDE

Rarement utilisés pour les chats, les jeux de traction comme l'anneau de corde vous aideront à satisfaire le besoin de mastication de votre animal et, par la même occasion, à prendre soin de son hygiène dentaire. Ce jouet est conçu en coton naturel solide. Le mordiller aide le félin à conserver une dentition ainsi qu'une mâchoire en parfaite santé. Cet anneau permet une bonne interaction entre l'animal et son maître.

1 Coupez 40 cm de longueur dans la corde. Pour cela, fixez du ruban adhésif transparent autour de la corde sur la zone à couper afin de conserver la qualité du cordage. Coupez alors au cutter.

2 Glissez la corde dans les deux anneaux en bois.

3 Joignez les deux bouts de la corde et fixez-les à l'aide d'un point de colle.

4 Couvrez cette jointure en enroulant autour du cordon en suédine puis fixez celui-ci avec un point de colle.

IL VOUS FAUT

2 anneaux en bois
Ø 5 cm

Un cutter

De la colle

Une corde Ø 12 mm

Du ruban adhésif
transparent

20 cm de cordon
en suédine

SOURIS EN CARTON

Qui n'a jamais vu l'amour tout particulier que portent les chats aux cartons ? Il vous suffira de quelques découpes pour transformer vos cartons en petites souris ludiques qui deviendront rapidement leurs nouveaux jeux favoris. Ou comment lier l'*upcycling*, le zéro-déchets et le bonheur de nos chats.

1 Sur le carton alvéolé, tracez 1 rond de 1,5 cm de diamètre, 3 ronds de 2 cm de diamètre, 3 ronds de 2,5 cm de diamètre, 1 rond de 3 cm de diamètre et agrémenté de petites oreilles, 2 ronds de 3,5 cm de diamètre, 5 ronds de 4,5 cm de diamètre et 1 rond de 5 cm de diamètre.

2 Découpez ces ronds à l'aide du cutter.

3 Superposez les disques selon l'ordre suivant : 1,5 cm, 2 cm, 2,5 cm, 3 cm (avec les oreilles), 3,5 cm, 4,5 cm, 4,5 cm, 4,5 cm, 5 cm, 4,5 cm, 4,5 cm, 3,5 cm, 2,5 cm, 2,5 cm, 2 cm, 2 cm. Vous avez ainsi la forme de la souris, du museau aux pattes arrière.

4 Passez le fil dans l'aiguille et réalisez un triple nœud qui fera office de bout de museau. Percez l'enfilade de disques en leur centre en commençant par le côté du plus petit disque. Réalisez un second nœud de l'autre côté de l'enfilade tout en laissant de la longueur après le nœud pour figurer la queue.

LE CONSEIL DE LAETITIA

La souris est un intemporel du jeu pour chat parce qu'elle simule une de ses proies préférées. J'aspergerais la souris d'un petit spray pour animaux à base de valériane ou de cataire (disponible en animalerie) pour la rendre plus attractive par son odeur enivrante et apaisante pour le chat. Prenez un fil bien épais car votre félin aura tendance à le mordiller, au risque de l'ingérer s'il le coupe.

IL VOUS FAUT

Du fil épais (n° 30)
et une aiguille

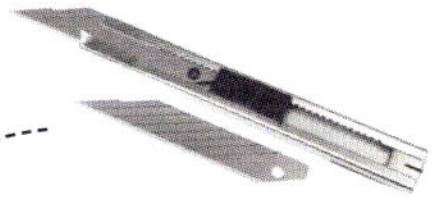

Un cutter

55 x 55 cm de carton
alvéolé

Un compas

Une règle

BÂTON EN CORDE

Simple et efficace, ce jouet stimulera votre chat grâce à ses franges. Et pour le fabriquer, il n'y a qu'à recycler les cordages qui dormaient dans vos tiroirs…

1 Pliez la corde sur elle-même en son milieu.

2 Torsadez-la de manière à créer du mouvement.

3 Glissez des points de colle sur certaines zones afin de conserver cette torsion.

4 De chaque côté, à environ 15 cm des extrémités, enroulez de la ficelle autour de la corde et nouez-la.

5 Coupez la boucle puis effilochez le cordage de chaque côté en utilisant le peigne.

6 Il ne vous reste plus qu'à couvrir la ficelle de cordon en suédine pour une jolie finition, en glissant un point de colle pour maintenir cette dernière.

LE CONSEIL DE LAETITIA

La touffe de fils de chaque côté du bâton est ludique pour le chat. Il suffit de bouger le bâton pour le stimuler et il le chasse comme si c'était un mille-pattes ou les ailes d'un insecte. Les fils de corde lui permettent aussi de bien prendre le jouet en gueule.

IL VOUS FAUT

40 cm de cordon
en suédine marron

Un peigne

80 cm de corde
Ø 12 mm

De la colle

40 cm de ficelle

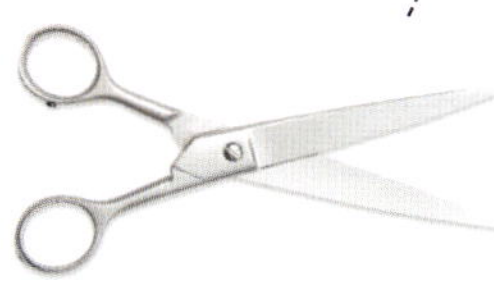

Une paire de ciseaux

GLAND À FRANGES

**Il ne suffit que d'un rectangle de tissu pour réaliser un gland.
Et ces quelques franges sauront ravir votre compagnon à quatre pattes.**

1 Découpez un rectangle d'environ 19 x 9 cm dans le tissu.

2 Réalisez des entailles de 6 cm, à 3 mm d'intervalle sur toute la longueur du tissu.

3 Dans les chutes de tissu, découpez une lanière de 0,7 x 11 cm. Elle fera office de sangle.

4 Pliez-la en deux afin d'obtenir une boucle puis déposez un point de colle pour la fixer.

5 Collez la base de la boucle sur l'une des extrémités du tissu frangé, sur l'envers, puis roulez le tout.

6 Serrez bien afin d'obtenir un rouleau parfait et collez l'extrémité pour maintenir la forme globale.

LE CONSEIL DE LAETITIA

Un jeu à lancer au chat pour qu'il l'attrape ou à pendre à une ficelle. Attention à choisir un tissu solide car il aura tendance à le « labourer » violemment avec ses pattes (et ses griffes) arrière en le tenant contre son corps.

IL VOUS FAUT

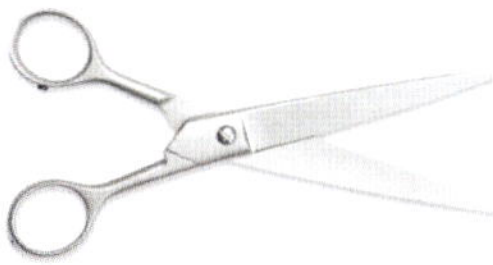

Une paire de ciseaux

Un morceau de tissu d'au moins 20 x 10 cm

De la colle

Une règle

CANNE À PÊCHE

La canne à pêche est le jouet parfait pour partager un moment de jeu et de tendre complicité avec votre chat. Ce sera à vous de stimuler votre petit fauve en agitant la canne à pêche près de lui. Le jouet par excellence pour les chats et qui ne demande que très peu de matériel.

1 Élargissez légèrement l'un des trous de la perle en liège.

2 Coupez 18 cm de ficelle et pliez-la en deux. Passez la boucle dans la perle en bois puis dans la perle en liège en passant par le côté élargi.

3 Faites un nœud juste en dessous de la perle en liège. Ajoutez un point de colle sur le nœud puis tirez sur la boucle afin que le nœud soit caché dans la perle en liège.

4 Collez les deux perles entre elles. Coupez chaque cordon en suédine en deux parties égales.

5 Pliez les quatre cordons en suédine obtenus en leur centre afin d'obtenir huit fils de 15 cm. Posez un point de colle sur la pliure puis introduisez-la dans la perle en liège.

6 Percez un trou, le plus petit possible, à l'extrémité du tourillon. Nouez une extrémité du reste de ficelle à la boucle et introduisez l'autre extrémité dans le trou du tourillon puis faites un nœud pour bloquer le tout.

LE CONSEIL DE LAETITIA

Le chat a une passion pour les franges de nos sacs, de nos vêtements, de nos meubles, qu'il aime attraper d'un coup de griffe et mordiller quand elles bougent. Tout ce que vous possédez avec des franges pourra donc être recyclé en jouet pour votre félin.

IL VOUS FAUT

Une perle en liège
Ø 3 cm

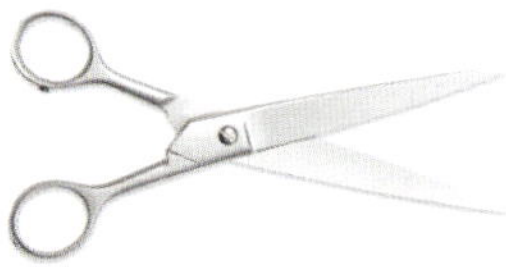

Une paire de ciseaux

Une perle en bois Ø 2 cm

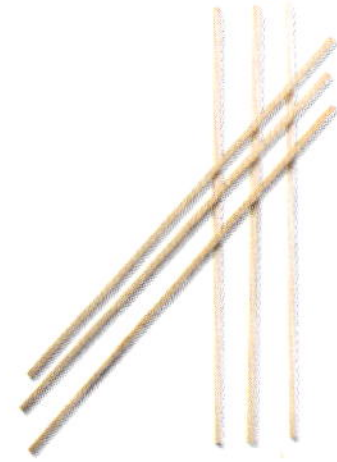

Un tourillon en bois
de 32 cm de long

50 cm de ficelle

De la colle

60 cm de cordon
en suédine blanc
60 cm de cordon
en suédine marron

Une perceuse

ANNEAU À FRANGES

Découvrez ce jouet composé de franges de tissus et d'un anneau en bois non traité ! Très solide, il plaira à coup sûr à votre chat ! Élégant et solide, il permettra à votre petit compagnon de s'amuser et de satisfaire son besoin de mastication pour lui garantir une bonne hygiène bucco-dentaire, tout en stimulant son instinct de jeu.

1 Découpez des lanières de tissu d'environ 18 cm de long. Formez une boucle en repliant une lanière sur elle-même. Nouez-la à l'anneau grâce à un nœud en tête d'alouette.

NŒUD EN TÊTE D'ALOUETTE

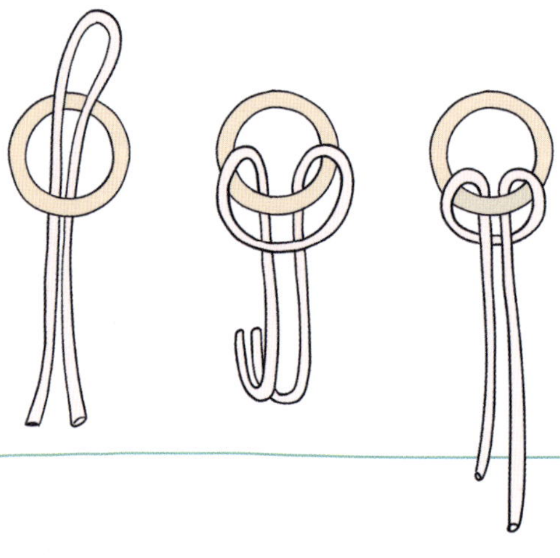

Pliez la corde en deux, passez la boucle ainsi créée dans l'anneau puis introduisez les deux extrémités de la corde dans la boucle et serrez.

2 Réitérez cette opération avec chaque lanière pour couvrir l'intégralité de l'anneau de franges de tissu, en effectuant le nouage à chaque fois dans le même sens.

IL VOUS FAUT

Un anneau en bois

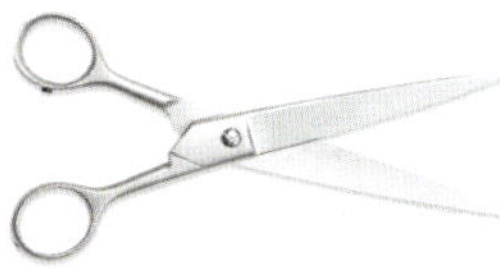

Une paire de ciseaux

Des chutes de tissu

LE CONSEIL DE LAETITIA

Utilisez cet anneau pour varier les jeux avec votre chat : attachez-y une ficelle longue et faites-le glisser sur le sol en zigzaguant.
Je suis certaine qu'il ne pourra pas y résister !

POMME DE TOULINE

Composée uniquement de matériaux naturels, sans autres éléments que quelques nouages, cette boule de corde sera le jouet idéal à griffer et à mordre. Simple et terriblement efficace !

1 Maintenez la perle entre votre index et votre majeur (si vous êtes droitier, utilisez les doigts de la main gauche, et vice-versa).

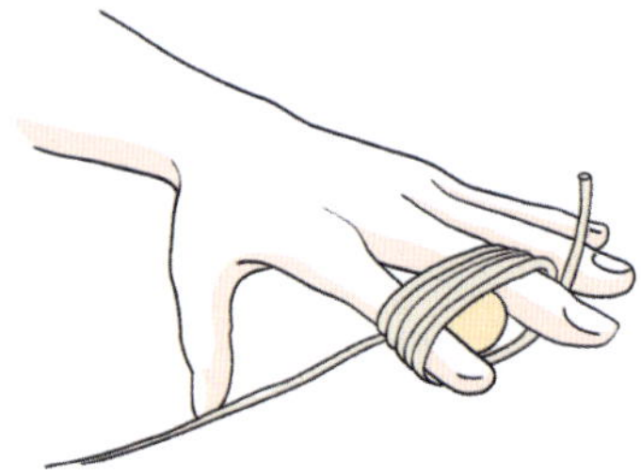

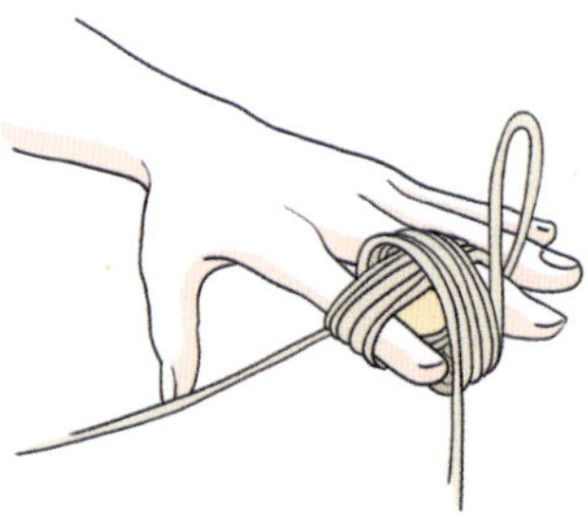

2 Entourez la perle et les doigts avec la corde, en effectuant 5 tours. Les passages de corde doivent être les uns à côté des autres.

3 Au-dessus de la perle, tournez la corde à 90°, puis faites un second passage autour du premier, en réalisant le même nombre de tours (faites le même nombre de tours partout, ici 5 tours).

4 Ôtez vos doigts en conservant la forme puis exécutez un troisième et dernier passage de 5 tours autour de la perle, à l'intérieur du premier passage, à l'endroit où les doigts étaient placés.

5 Les divers passages maintiendront l'intégralité du nouage ; il suffira donc de serrer la création brin par brin, afin d'obtenir une boule serrée. Faites en sorte que les brins ne se chevauchent pas et restent les uns à côté des autres.

IL VOUS FAUT

Une perle ou une bille en bois

1,50 m de corde souple Ø 5 mm

LE CONSEIL DE LAETITIA

Les petits jouets qui roulent stimulent le comportement de prédateur du chat. Un grelot au lieu de la perle est aussi une bonne idée pour exciter l'animal. Attention à bien serrer la corde pour qu'aucun brin ne sorte de la boule : votre chat pourrait mâchonner la corde et l'ingérer au risque de souffrir d'occlusion intestinale. Jetez le jouet quand le cordage ne tient plus.

SCOUBIDOU À QUATRE FILS

Vous êtes à la recherche d'un accessoire pour divertir votre chat ? Quoi de mieux que le célèbre, mais non moins ludique, scoubidou ? En quelques nouages, vous obtenez un scoubidou à suspendre ou à agiter pour attirer votre chat. Il peut être réalisé avec toutes sortes de matériaux, et même en recyclant vos chutes de tissu pour leur offrir une seconde vie. Cela fera le bonheur de votre animal comme le vôtre.

1 Coupez deux fines bandes de tissu de 80 × 0,3 cm, puis pliez-les en deux afin d'obtenir 2 boucles et 4 longueurs égales.

2 Tenez les deux boucles l'une contre l'autre et réalisez un nœud simple.

LE NŒUD SIMPLE

Réalisez une boucle, passez une extrémité dans la boucle ainsi formée, puis serrez (comme sous un ballon de baudruche).

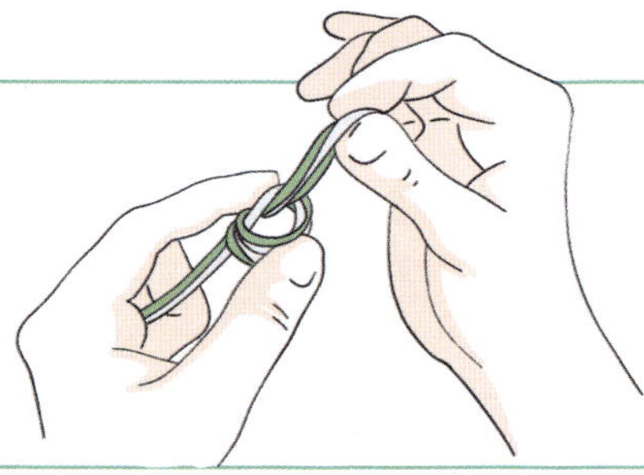

IL VOUS FAUT

Des chutes de tissus
de 2 couleurs différentes

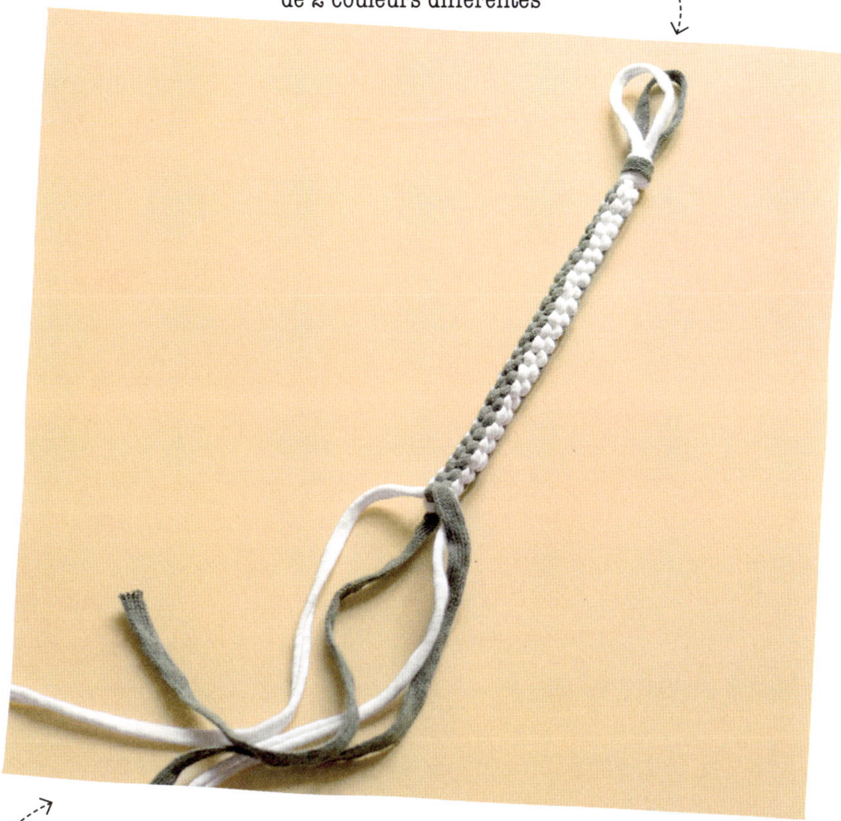

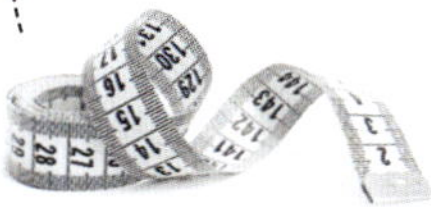

Un mètre

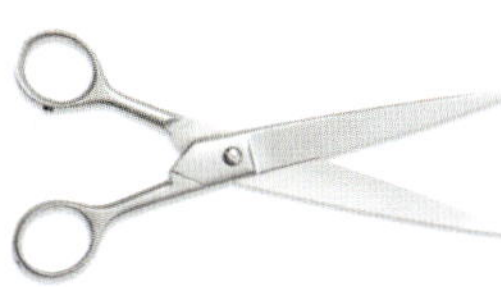

Une paire de ciseaux

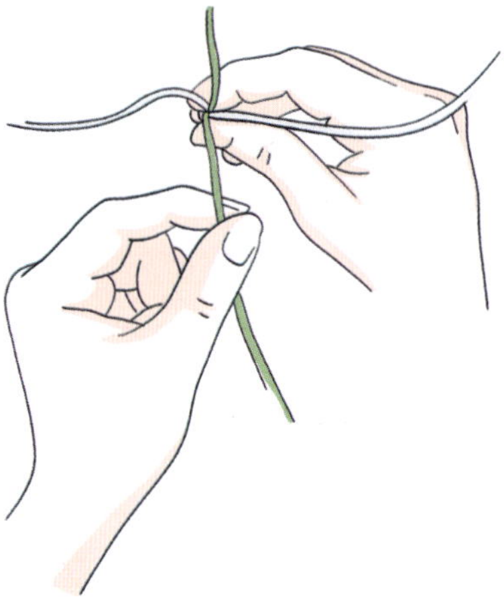

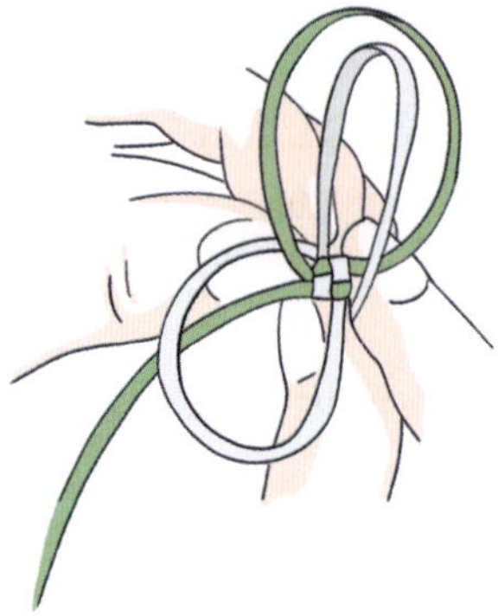

3 Maintenez le nœud dans votre main, et arrangez les fils de manière à voir de face les quatre fils en croix et les deux couleurs alternées.

4 Prenez un fil de couleur A et passez-le en face en effectuant une boucle. Prenez l'autre fil de couleur A et faites une boucle parallèle à la précédente.

5 Faites alors passer chacun des fils de couleur B, perpendiculaires aux boucles et parallèles entre eux, au-dessus de la première boucle et dans la seconde boucle.

6 Tirez ensuite sur les quatre fils afin de serrer le nouage carré obtenu. Répétez les étapes 4 à 7 autant de fois que nécessaire pour parvenir à la longueur de scoubidou souhaitée.

LE CONSEIL DE LAETITIA

Un jeu à attacher à une ficelle ou à un fil élastique et à agiter devant le nez de votre félin, comme un papillon qui viendrait le narguer.

BERLINGOT À LA CATAIRE

**Votre chat est un joueur invétéré ? Réalisez ce berlingot en tissu, très mignon mais surtout stimulant !
Une création idéale pour combattre l'ennui des chats d'intérieur, surtout avec une poignée d'herbe-à-chats intégrée. Et, pour aller plus loin, n'hésitez pas à y glisser du papier froissé ou un grelot pour en augmenter l'attrait.**

1 Dessinez sur l'envers d'un morceau de tissu un grand triangle de 30 cm de côté. Divisez ce triangle en 4 triangles, un dans chaque angle et un au milieu en laissant un rebord tout autour.

2 Découpez le grand triangle puis pliez le tissu en suivant les lignes du triangle du milieu pour former une pyramide. Cousez les arêtes au moyen d'une couture invisible afin de cacher les points. Laissez une ouverture sur l'une des arêtes.

COUTURE INVISIBLE

Déterminez les bords à assembler et pliez-les vers l'intérieur. Choisissez un fil de la même couleur que le tissu. Piquez dans l'un des bords et ressortez 5 mm plus loin dans le même bord puis piquez le bord en face et ressortez 5 mm plus loin dans ce même bord.

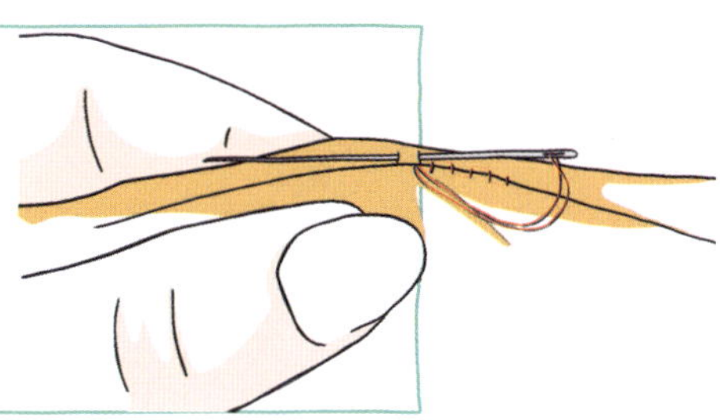

IL VOUS FAUT

Un morceau de tissu
de 35 x 35 cm

Du fil de couture
et une aiguille

De la mousse
de garnissage

Un crayon

De la cataire séchée

Une règle

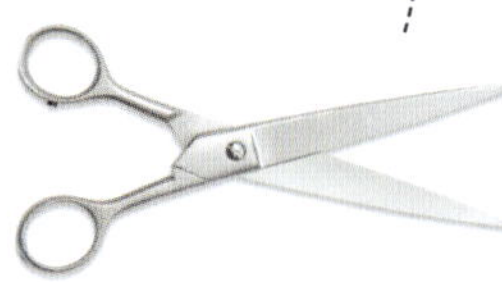

Une paire de ciseaux

3 Insérez de la mousse de garnissage à l'intérieur ainsi que de la cataire. Comblez de manière à bien gonfler le berlingot.

4 Effectuez les derniers points de couture afin de fermer le berlingot.

5 Bonus : vous pouvez répéter ces étapes avec divers tissus, comme de la toile de jute, afin de diversifier les stimulations pour votre chat.

LE CONSEIL DE LAETITIA

La cataire (*Nepeta cataria*) surnommée « herbe-à-chats » ou « menthe à chat » (*catnip* en anglais) est une plante dont l'odeur a le pouvoir d'exciter, de « rendre fous » les chats (ceux qui y sont sensibles).
Elle est vendue sous forme séchée en animalerie et je conseille d'en mettre une pincée dans les jouets, pour le plus grand plaisir de votre compagnon. Si votre chat délaisse les berlingots après quelques temps, c'est certainement que l'odeur s'est atténuée ; n'hésitez pas alors à frotter les berlingots avec la cataire... ou à en créer de nouveaux !

SOURIS EN FEUTRINE

Fabriqué avec des matériaux en feutre, ce jouet pour chat est à la fois flexible et résistant. Ainsi, il est à l'épreuve des griffures et des mordillages. Sa forme imitant la souris est un bon moyen de stimuler l'instinct de chasse de votre animal domestique.

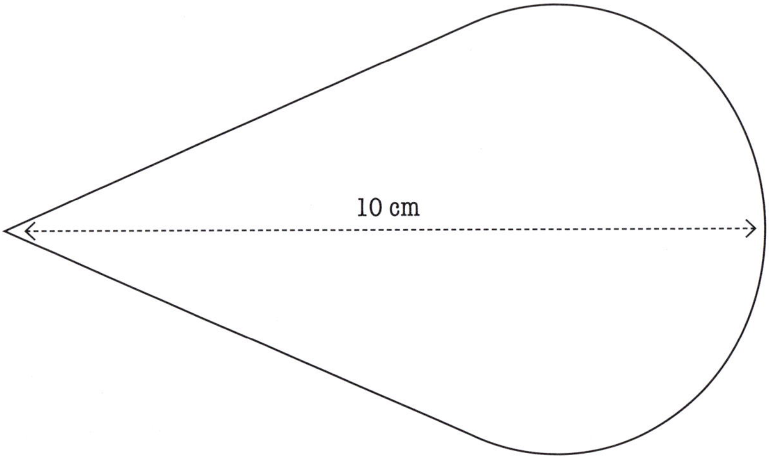

1 Dessinez plusieurs gabarits sur la feutrine : une goutte d'eau d'environ 10 cm de long avec un trait qui la coupe en deux dans la longueur…

IL VOUS FAUT

Un morceau de feutrine grise de 25 x 10 cm

Du fil de couture et une aiguille

De la mousse de garnissage

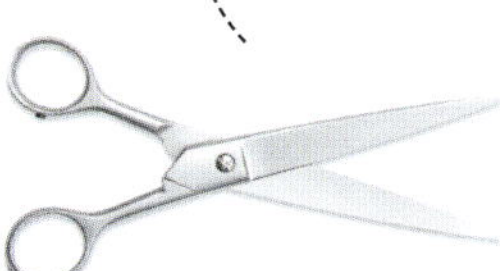

Des ciseaux

Un crayon

Une règle

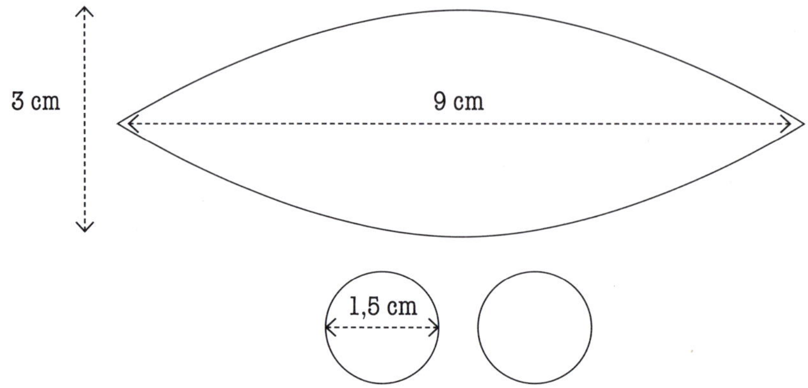

... ainsi qu'un ovale aux bouts pointus de 9,5 x 3 cm, puis deux petites oreilles rondes d'1,5 cm de diamètre.

2 Découpez ces formes. L'ovale fera office de ventre de la souris, et les deux demi-gouttes seront les flancs.

3 Cousez les deux flancs de part et d'autre du ventre. N'hésitez pas à rendre visibles les fils avec un point de surfil.

POINT DE SURFIL

Accolez les deux morceaux de tissu et cousez-les ensemble en piquant toujours du même côté, à 3 mm du bord et en oblique.

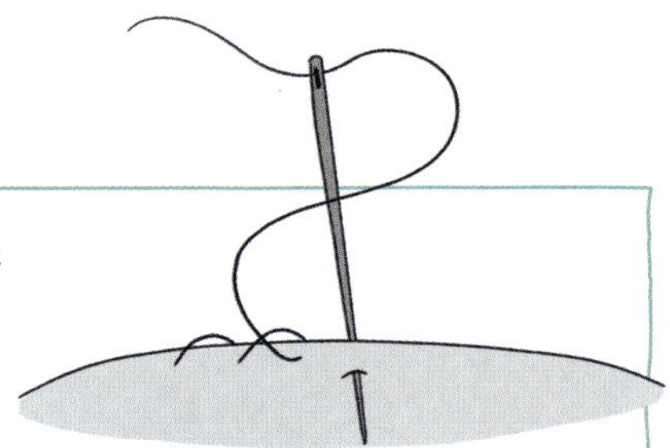

4 Une fois les trois parties liées, cousez les deux flancs entre eux aux deux tiers, en commençant par le bout le plus rond.

5 Glissez de la mousse de garnissage à l'intérieur. Comblez de manière à bien gonfler la souris.

6 Pliez légèrement les deux oreilles sur elles-mêmes grâce à un point de couture puis cousez-les sur les flancs.

7 Réalisez deux points de nœud sur chaque flanc, entre le museau et les oreilles, pour figurer les yeux.

8 Achevez la couture des deux flancs et terminez par un point de nœud à l'endroit le plus pointu afin de créer un museau.

POINT DE NŒUD

En broderie, le point de nœud est un point en relief très simple. Il permet de réaliser de jolis effets de plumetis. Sortez l'aiguille à l'endroit désiré. Enroulez le fil trois fois autour de l'aiguille, en le serrant fortement. Piquez tout près de l'endroit où le fil est sorti la première fois, en maintenant le fil. Tirez enfin l'aiguille en gardant votre fil bien tendu.

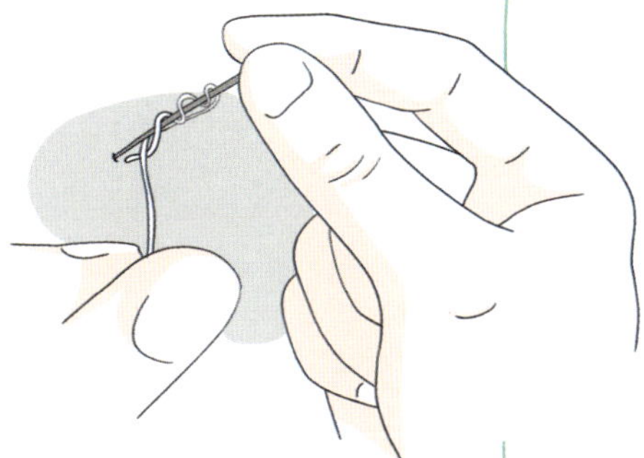

LE CONSEIL DE LAETITIA

Veillez à bien serrer les coutures et les broderies et à ne laisser dépasser aucun fil : le chat a des crocs et des griffes très affûtés et il peut très vite s'énerver sur une souris en feutrine. Un peu de cataire séchée dans la mousse avant de refermer l'ensemble rendra le jouet encore plus excitant.

FEUILLE EN MACRAMÉ

Pourquoi ne pas reprendre des éléments et des techniques phares du domaine de la décoration pour les réinterpréter en jeu pour votre animal ? Le macramé est idéal pour les jeux pour chats car il ne contient aucun élément toxique et se maintient naturellement. Cette plume en macramé offrira aux membres de votre famille féline un moment de jeu qui non seulement les divertira, mais sera exempte de caoutchoucs toxiques et de produits chimiques nocifs.

1 Coupez deux morceaux de corde de 40 cm. Pliez-les en deux et nouez-les à l'anneau en bois grâce à des nœuds en tête d'alouette. Les quatre brins obtenus formeront la tige centrale de la feuille.

NŒUD EN TÊTE D'ALOUETTE

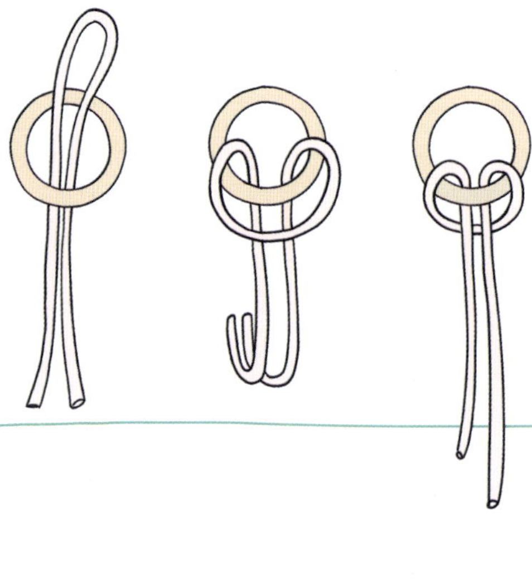

Pliez la corde en deux, passez la boucle ainsi créée dans l'anneau puis introduisez les deux extrémités de la corde dans la boucle et serrez.

IL VOUS FAUT

4 m de corde à macramé
Ø 3 mm

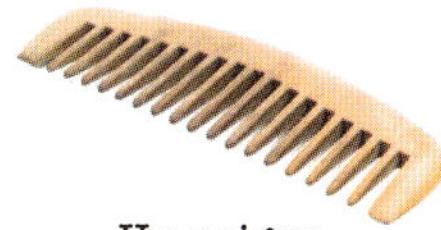

Un peigne

Un mètre

Un anneau en bois

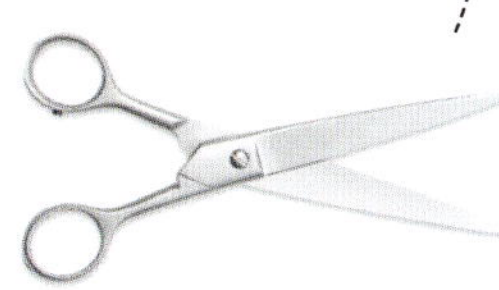

Une paire de ciseaux

2 Coupez 18 morceaux de corde de 16 cm chacun. Nouez-les deux par deux sur la tige, les uns sous les autres, en utilisant le nœud plat.

SUCCESSION DE NŒUDS PLATS SUR UNE TIGE AVEC CORDES MULTIPLES

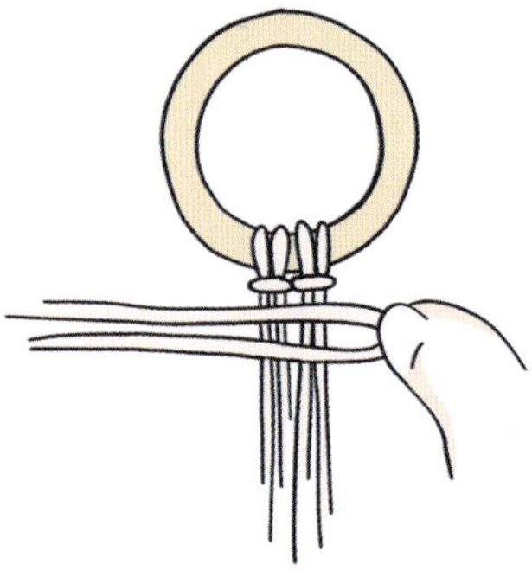

Pliez un morceau de corde en deux de manière à créer une boucle puis placez celle-ci au-dessus de la tige centrale, perpendiculairement à la tige, du côté gauche vers le coté droit de la tige.

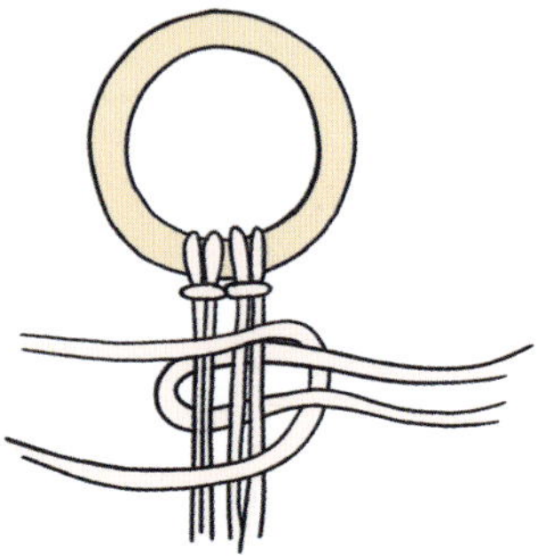

Avec un second morceau de corde, faites aussi une boucle que vous placerez à l'intérieur de la première boucle et passerez en dessous de la tige centrale, perpendiculairement à la tige, du côté droit vers le côté gauche de la tige.

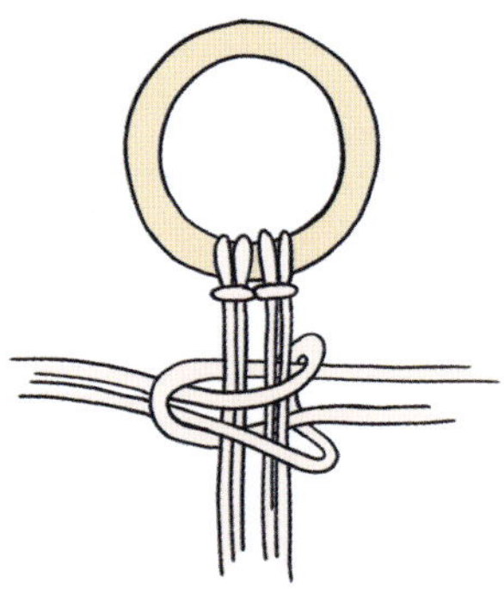

Glissez alors le reste de la première corde à l'intérieur de cette seconde boucle. Serrez les deux cordes en même temps. Vous obtenez votre premier nœud plat.

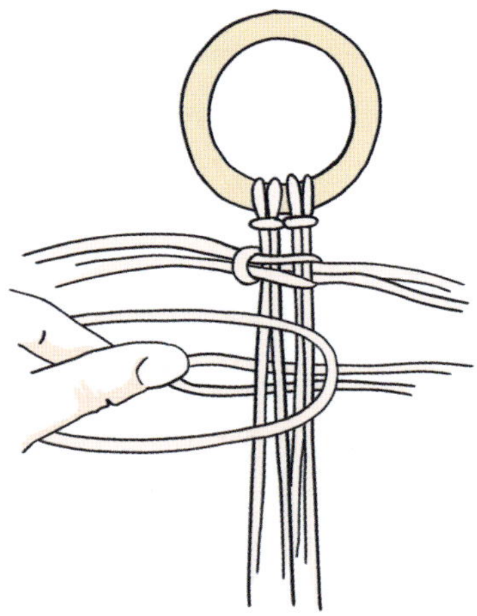

Recommencez ces trois étapes avec les morceaux de corde restants.

3 Faites un nœud simple avec les quatre brins de la tige, au bas de la feuille en macramé.

4 Déliez tous les brins noués à la tige. Effilochez le cordage de chaque côté en utilisant le peigne. Découpez les franges ainsi formées de sorte à créer une feuille.

LE CONSEIL DE LAETITIA

Pour inciter votre petit compagnon à jouer en votre absence, vous pouvez suspendre cette feuille en macramé à la poignée d'une porte, dans l'ouverture d'une baie vitrée (les courants d'air vont la faire bouger), sous une chaise… Attention à la taille de l'anneau choisi si vous avez un chaton : il ne faut pas qu'il puisse y glisser sa patte, au risque de se faire mal.

Peinture
Acrylique

LES GRIFFOIRS

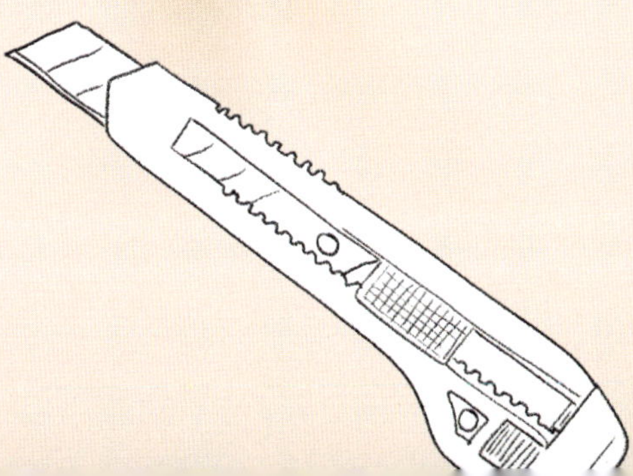

FAIRE SES GRIFFES, UN BESOIN NATUREL

Faire ses griffes est un besoin naturel chez le chat, indispensable à son équilibre psychique. Le griffoir est donc un accessoire essentiel à son bien-être.

Griffer un support permet non seulement au chat de limer ses ongles et d'ôter les étuis cornés usés, mais aussi et surtout de marquer son territoire. Ce marquage à la fois visuel et olfactif (il dépose des phéromones) a pour but d'avertir ses congénères de sa présence et du fait qu'il ne veut pas partager la chose marquée. Ce comportement a aussi pour fonction de l'apaiser : grâce aux odeurs déposées, il se sent chez lui.

Afin d'éviter que votre chat ne se dirige vers votre canapé ou votre tapis pour faire ses griffes, il vaut mieux mettre à sa disposition des accessoires spécifiquement prévus à cet effet.

Si le griffoir est caché, il ne l'utilisera pas. La règle est donc de le placer bien en vue près des points de passage, à l'entrée du salon par exemple, et près des zones de repos, c'est-à-dire près du canapé, du fauteuil ou de son couffin, car le chat aime faire ses griffes (et son stretching) à son réveil.

Bien souvent, un seul griffoir ne suffit pas : il en faut au moins deux ou trois pour un chat, et au moins quatre pour deux chats, car on ne partage pas un griffoir !

BOULE DE CORDAGE À GRIFFER

Cette balle recouverte de sisal encouragera votre chat à assouvir son besoin naturel de faire ses griffes. Le socle de couleur offrira un contraste élégant avec la couleur naturelle de la boule : de quoi lier le pratique à l'esthétique.

1 Peignez la plaque en bois de la couleur de votre choix.

2 Après séchage, collez le ballon au centre.

3 Une fois le ballon bien fixé, collez la corde en l'enroulant tout autour du ballon.

LE CONSEIL DE LAETITIA

Pour inciter mon chat à adopter ce griffoir-boule, je le frotte avec une olive ou avec de la cataire séchée (« herbe-à-chats »), ou bien je pulvérise un spray à base de valériane. Ce sont des odeurs connues pour attirer et exciter les chats.

IL VOUS FAUT

10 m de corde en sisal
Ø 1 cm

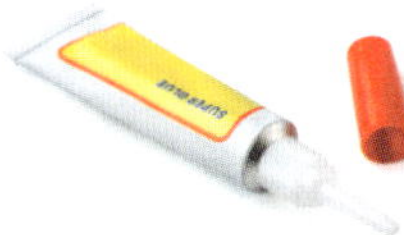

De la colle forte

Un ballon d'environ
Ø 22 cm

Une plaque en bois
de 29 x 29 cm

De la peinture naturelle
non toxique et un rouleau

POTEAU GRIFFOIR EN FEUTRINE

D'un design unique, ce griffoir en feutrine peut être posé à un endroit bien précis de la maison et ainsi permettre au chat de se créer une routine. La feutrine est une matière ludique par excellence, douce pour les pattes de nos amis félins mais facile à accrocher pour la stimulation.

1 Collez le tube au centre de la plaque en bois.

2 Pendant que la colle sèche, découpez six bandes de feutrine de 140 x 2,5 cm.

3 Coupez en biseau l'extrémité d'une bande et collez la bande sur le tube en carton, le bord en biseau au ras de la plaque en bois, et la bande s'enroulant autour du tube jusqu'au sommet. Insérez le surplus de bande dans le tube cartonné.

4 Faites de même avec une bande de feutrine d'une autre couleur, à côté. Alternez les couleurs jusqu'à couvrir l'intégralité du tube, en conservant un peu de longueur afin de glisser le surplus dans le haut du tube, pour le fermer.

LE CONSEIL DE LAETITIA

Ce poteau est idéal pour les chatons, qui vont bien s'amuser avec la feutrine ! En revanche, les chats adultes préféreront un support plus haut pour étirer leurs pattes avant, et plus large pour pouvoir y mettre les deux pattes en même temps. Attention, la colle étant un produit toxique, il est important d'attendre son séchage complet avant de laisser le griffoir à la disposition du chat.

IL VOUS FAUT

Un tube en carton
de 6 x 50 cm

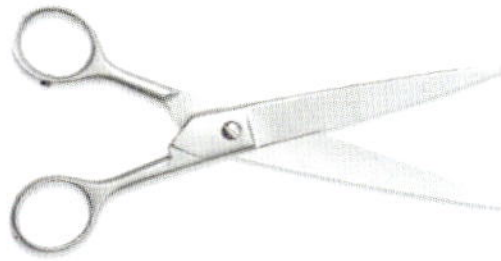

Une paire de ciseaux

De la feutrine de couleurs
diverses
(140 x 15 cm au total)

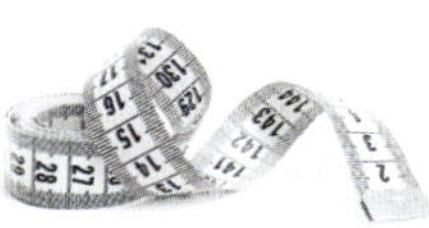

Un mètre

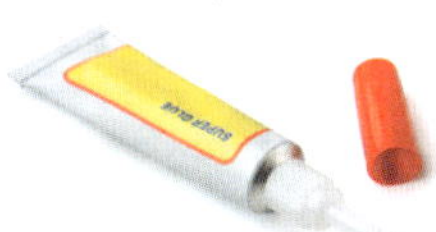

De la colle forte

Une plaque en bois
d'au moins 24 x 24 cm

GRIFFOIR POUR POIGNÉE

Parfait pour les maîtres et les matous baroudeurs, ce griffoir léger et fin peut se transporter facilement et se suspend simplement à une poignée. Votre chat pourra à la fois entretenir ses griffes et s'étirer à son aise. De quoi concilier divertissement et confort pour votre compagnon tout en protégeant le mobilier lors de vos déplacements.

ASTUCE

Certains chats n'aiment pas faire leurs griffes sur un objet qui n'est pas stable. Vous pouvez alors fixer le bas de la plaque en bois grâce à du ruban adhésif ou de la pâte fixante.

1 Percez un trou de 7 cm de diamètre dans la plaque de bois afin de la suspendre à une poignée.

2 Coupez sept morceaux de corde de 60 cm de long chacun. Collez les sept morceaux de corde sur la plaque, les uns à côté des autres, bien serrés de façon à prendre toute la largeur de la plaque. Coupez ce qui recouvre le creux au cutter.

3 Découpez dans la feuille de bois 2 bandes de 60 x 2 cm et 2 bandes de 11 x 2 cm. Collez les bandes sur le pourtour du rectangle afin de réaliser des bordures.

LE CONSEIL DE LAETITIA

Je placerais ce griffoir sur la porte d'accès à la pièce centrale de la maison ou sur la porte d'entrée (à l'intérieur ou à l'extérieur) : votre chat sera ainsi tenté de l'utiliser pour signifier aux intrus qu'il est chez lui et qu'il ne veut pas partager l'espace !

IL VOUS FAUT

Une plaque en bois
de 11 x 60 x 1,5 cm

Un cutter

5 m de corde tressée

De la colle

Une perceuse et une scie cloche Ø 7 cm
Si vous ne possédez pas le matériel, les magasins de bricolage proposent souvent ce genre de prestation.

Une feuille de bois
de 2 mm d'épaisseur

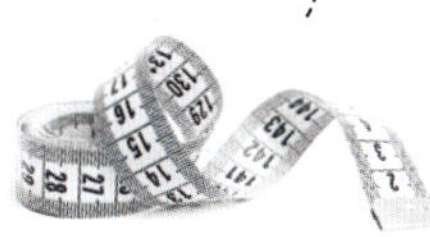

Un mètre

POTEAU GRIFFOIR EN CARTON

Réunissant l'aspect ludique (grâce à l'effet de tournoiement autour d'un axe) et le recyclage, ce griffoir mobile a tout pour plaire. En effet, chaque carton reçu pourra être détourné pour étoffer ce griffoir et ainsi offrir à votre chat de quoi entretenir ses griffes et s'étirer à son aise. Le carton est un matériau peu coûteux dont les chats raffolent, alors pourquoi s'en priver ?

ASTUCE

Le griffoir peut rester carré, mais la totalité des cartons découpés peuvent également être tournés de manière à former une spirale autour du tasseau central, ce qui stimulera votre chat.

1 Peignez le carton alvéolé de la couleur de votre choix. Percez un trou d'1,5 cm de diamètre au centre de la plaque en bois, sans la traverser complètement, et introduisez-y le tourillon. Renforcez d'un point de colle.

2 Découpez un carré de 12 x 12 cm dans le carton coloré. À l'aide du cutter, réalisez un trou au centre du carré pour le glisser sur le tourillon. Répétez autant de fois que nécessaire pour recouvrir l'intégralité du tourillon.

3 Découpez un dernier carré, sans le percer, et collez-le sur le haut du tourillon.

LE CONSEIL DE LAETITIA

Quand il est apprécié et placé dans un endroit stratégique pour le chat, le griffoir est utilisé tous les jours et même plusieurs fois par jour. S'il est en carton, il s'use très vite et demande à être changé régulièrement. D'où l'intérêt d'un modèle comme celui-ci, qui peut être rechargé facilement : il suffit de décoller le dernier carré en carton et de remplacer les carrés abîmés par du carton intact.

IL VOUS FAUT

De la peinture naturelle non toxique et un pinceau

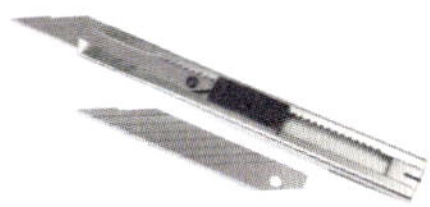

Un cutter

De la colle

Du carton alvéolaire de 350 x 350 x 1,5 cm

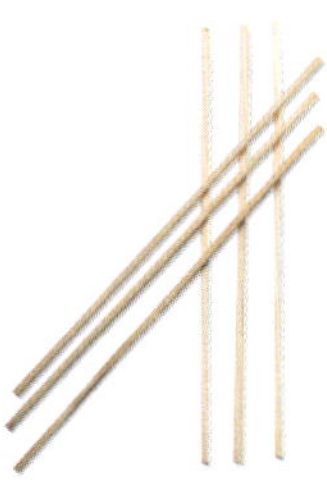

Un tourillon en bois Ø 15 mm, de 38 cm de long

Une plaque en bois de 25 x 25 cm

Une perceuse et une scie cloche Ø 1,5 cm
Si vous ne possédez pas le matériel, les magasins de bricolage proposent souvent ce genre de prestation.

Une règle

GRIFFOIR-NICHE EN CARTON

Adopté par votre chat tant pour son côté accueillant grâce à sa forme cylindrique que pour y faire ses griffes grâce au matériau utilisé, cet objet deux en un sera parfait pour les petits espaces.

ASTUCE

Si cette demi-sphère n'est pas assez stable pour votre chat, vous pouvez fixer ce griffoir sur une plaque en bois.

1 Dessinez les formes suivantes sur le carton :
- 1 cercle de 19 cm de diamètre ;
- une série d'anneaux de 3 cm de rebord : 1 anneau de 20 cm de diamètre (rebord compris), 1 de 21 cm, 1 de 22 cm, 2 de 23 cm, 2 de 23,5 cm, 2 de 24 cm, 2 de 25 cm, 2 de 26 cm, 2 de 27 cm, 2 de 28 cm, 2 de 29 cm, 2 de 30 cm, 2 de 31 cm et enfin 2 de 32 cm.

Découpez toutes ces formes au cutter.

2 Lissez toutes les découpes à l'aide des ciseaux pour obtenir une jolie finition. Peignez tous les anneaux ou une partie d'entre eux dans la couleur de votre choix.

3 Superposez-les du plus petit au plus grand en prenant comme base le disque de 19 cm et fixez avec de la colle entre chaque anneau.

LE CONSEIL DE LAETITIA

Enfin un griffoir design et contemporain que l'on ne va pas cacher ! D'après des études sur le comportement du chat, le carton est, après le bois, son matériau préféré pour ses griffades.

IL VOUS FAUT

De la peinture naturelle non toxique et un rouleau

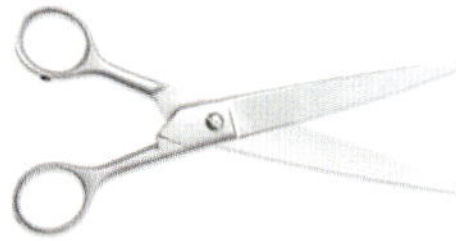

Une paire de ciseaux

Du carton épais d'au moins 6,5 × 6,5 m

De la colle

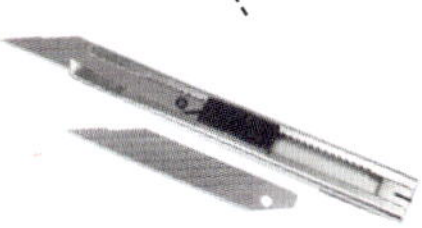

Un cutter

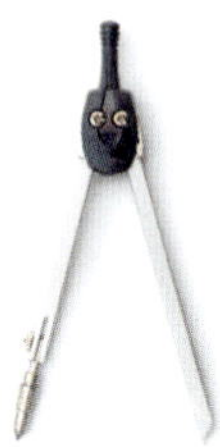

Un compas

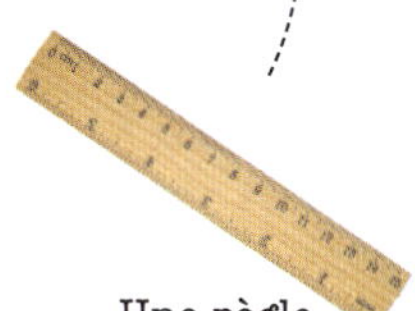

Une règle

4 5 6 7 8 9 10 11 12 13 14 15 16 17 18 19 20 21 22

LES NICHES

UN DES PLUS GROS DORMEURS DU MONDE ANIMAL

Le chat est l'un des plus gros dormeurs du monde animal. Il passe 14 à 16 heures par jour (voire plus !) dans les bras de Morphée. C'est dire l'importance de sa couche, ou plutôt de ses couches puisqu'il aime en changer au cours de la journée.

Ses lieux de repos doivent répondre à certains critères pour qu'il daigne s'y prélasser, sous peine de voir l'ouvrage que vous avez confectionné - avec amour - snobé par votre félin.

À la fois prédateur et proie, le chat aime d'instinct se reposer en hauteur pour voir sans être vu : évitez les couffins posés au sol (ce n'est pas un chien) et placez-les sur un meuble, une armoire, un bureau, une étagère, ou suspendez-les. Il aime le confort, donc misez sur des matières moelleuses et douces. Ayant besoin de se sentir en sécurité, il recherche la tranquillité et fuit les pièces trop animées ou bruyantes. Il affectionne aussi les cachettes, les recoins abrités même si vous le voyez aussi se reposer bien à la vue de tous et parfois sur des surfaces inconfortables. La chaleur est un critère important pour cet animal originaire du désert : placez ses couches près d'un radiateur l'hiver ou sous les rayons du soleil non loin d'une fenêtre toute l'année. Concernant la taille de son nid-repos : pas trop grand (il l'éviterait) et du diamètre de son corps dormant en boule. Et n'hésitez pas à lui confectionner plusieurs couffins, il vous remerciera !

Afin de garantir la sécurité de l'animal, assurez-vous que tous les clous, vis et agrafes présents dans son espace de repos sont biens fixés et ne ressortent pas. Vérifiez également la solidité de vos nœuds.

NICHE CYLINDRIQUE EN FEUTRINE

Lorsque vous choisissez de réaliser un espace de repos aux airs félins en sélectionnant rien que pour votre chat une matière réconfortante et cocooning comme la feutrine, vous renforcez inéluctablement les liens qui vous unissent à votre compagnon.

1 Dessinez un rectangle de 20 x 106 cm sur la feutrine. Ajoutez deux triangles de 6,5 cm de haut à 15 et 91 cm sur la longueur du haut : ils feront office d'oreilles de chat. Reliez le coin inférieur gauche du triangle de gauche au coin inférieur gauche du rectangle, et le coin inférieur droit du triangle de droite au coin inférieur droit du rectangle.

2 Découpez ce rectangle modifié en suivant les traits, à l'aide du cutter et de la règle.

3 Posez la planche en bois au sol ; elle servira de fond à la niche. Agrafez la feutrine, le bord opposé aux pointes, à la tranche de la planche en bois. Croisez les deux bords de la feutrine en « cache-cœur ».

4 Fixez à la colle le similicuir sur cette fermeture, à l'horizontale.

LE CONSEIL DE LAETITIA

Complétez l'ouvrage par un petit coussin rond et confortable, pas trop épais, pour que votre boule de poils puisse se cacher derrière les « oreilles » tout en observant les alentours. Votre chat va adorer !

IL VOUS FAUT

Un rectangle de feutrine de 30 x 110 cm

Une planche en bois ronde Ø 32 cm

Une agrafeuse murale

Un crayon

Un rectangle de similicuir de 12,5 x 3 cm

Un cutter

Une règle

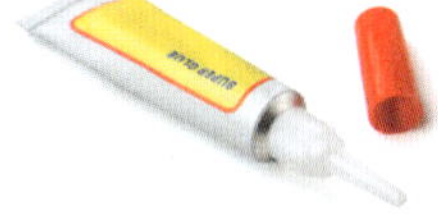

De la colle forte

CERCEAU TISSÉ

À la fois protecteur et ouvert sur le territoire du félin, cet espace de repos a tout pour plaire. Il pourra s'y sentir autant en sécurité que dominant et s'y prélassera alors bien volontiers.

1 Percez quatre trous sans traverser complètement, à distances égales, sur le demi-cercle d'un cerceau. Percez quatre trous de la même façon et exactement aux mêmes endroits dans le second cerceau.

2 À l'aide de la ficelle, liez fermement entre eux les deux cerceaux en un point à l'opposé des trous.

3 Mettez un point de colle à chaque extrémité des tiges et glissez-les dans les trous, les plus grandes au centre, afin d'obtenir une forme de croissant.

4 Couvrez l'intégralité de la structure avec le trapilho en l'enroulant autour. Vous pouvez entrecroiser ou aligner les brins.

5 Collez le trapilho sur la structure à quelques endroits pour conserver la forme.

6 Collez la structure sur la plaque en bois et placez le coussin rond dessus.

LE CONSEIL DE LAETITIA

Ce grand couffin pourra accueillir deux chats copains qui aiment se reposer ensemble ou un grand chat comme un maine coon, un ragdoll, un norvégien ou un sibérien.

IL VOUS FAUT

De la ficelle

2 tiges métalliques
Ø 2 mm de 12,5 cm de long
2 tiges métalliques
Ø 2 mm de 18 cm de long

Un coussin rond
Ø 45 cm

60 m de trapilho

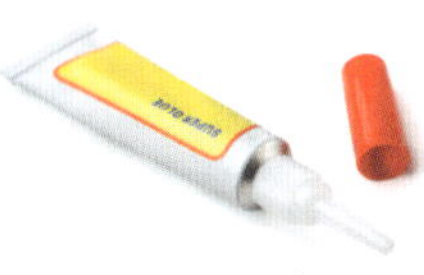

De la colle forte

Une perceuse

Une plaque en bois
ronde Ø 45 cm

2 cerceaux Ø 45 cm

CAISSE EN BOIS AJOURÉE

Vous n'êtes pas sans savoir que nos chats éprouvent un plaisir inégalé lorsqu'il s'agit de se faufiler dans les moindres recoins et autres endroits étroits. Dès qu'une cachette leur permet d'observer leur environnement tout en se sentant protégés, ils l'adoptent définitivement. Grâce à cette caisse en bois ajourée, ils retrouvent ce sentiment de sécurité et de confort tout en gardant un œil sur leur territoire.

1 Peignez une des faces de chaque tasseau de la couleur de votre choix afin de réaliser une jolie harmonie colorée.

2 À l'aide du marteau, ôtez le dessus et l'une des longues faces latérales de la caisse à vin afin de n'avoir plus que la face inférieure et trois faces latérales.

3 Collez un à un les cinq tasseaux courts, debout, sur la face latérale vide. Collez un tasseau à l'une des extrémités, puis les quatre autres tasseaux à l'autre extrémité, en les espaçant de 4 cm.

4 Collez les longs tasseaux sur le dessus de la caisse, perpendiculairement aux tasseaux courts, en les espaçant de 4 cm.

5 Placez le coussin dans la niche.

LE CONSEIL DE LAETITIA

La caisse à vin fait d'excellents coin sieste et coin cachette pour les chats. Vous pouvez la fixer au mur pour plus de succès car le chat aime la hauteur. Celle-ci peut même se transformer en un espace ludique : agitez un jouet entre les tasseaux du dessus de la caisse pour une invitation au jeu.

IL VOUS FAUT

7 tasseaux en bois
de 15 x 25 mm, 35 cm de long
5 tasseaux en bois
de 15 x 25 mm, 20 cm de long

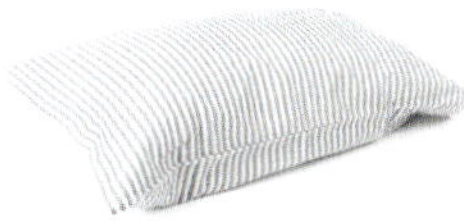

Un coussin rectangulaire

De la peinture pour bois naturelle
non toxique et un rouleau

De la colle à bois

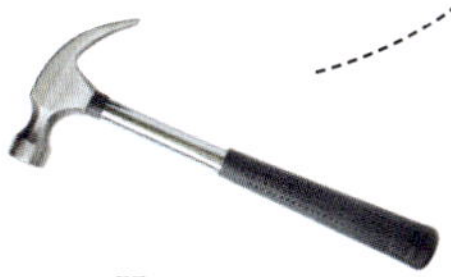

Un marteau

Une caisse à vin de 35 x 20 x 10 cm

STRUCTURE-HAMAC

Idéale pour les petits gabarits et les chatons, cette structure minimale dotée d'un hamac épousera parfaitement le gabarit de votre animal endormi. Elle lui permettra un certain éveil, grâce au cadre en bois supportant la toile, tout en lui proposant un espace de repos qu'il adoptera à coup sûr.

1 Fabriquez deux cadres carrés de 30 cm de côté à l'aide des huit tasseaux de 30 cm et de la colle à bois.

2 Réunissez-les grâce aux quatre autres tasseaux, collés à chaque coin.

ASTUCE

Si vous êtes bon couturier ou bonne couturière, vous pouvez coudre des biais à chaque entaille.

3 Réalisez une entaille à chaque angle du tissu.

4 Nouez très fermement chaque angle de ce tissu sur la structure. Tendez bien le tissu afin de réaliser un « hamac » solide.

5 Enfoncez un clou de tapissier à chaque coin de la structure, à 13 cm de hauteur, afin d'empêcher le tissu de descendre.

LE CONSEIL DE LAETITIA

Vous pouvez ajouter une couverture en polaire ou un coussin sur ce « hamac ». Comme le chat est (un peu) en hauteur quand il s'y couche, cette structure peut lui convenir même posée au sol. Mais si au bout de quinze jours il n'y va toujours pas, placez-la sur un meuble.

IL VOUS FAUT

Un carré de tissu
de 50 x 50 cm

4 petits clous
de tapissier

8 tasseaux carrés en bois de 30 cm
4 tasseaux carrés en bois de 38 cm

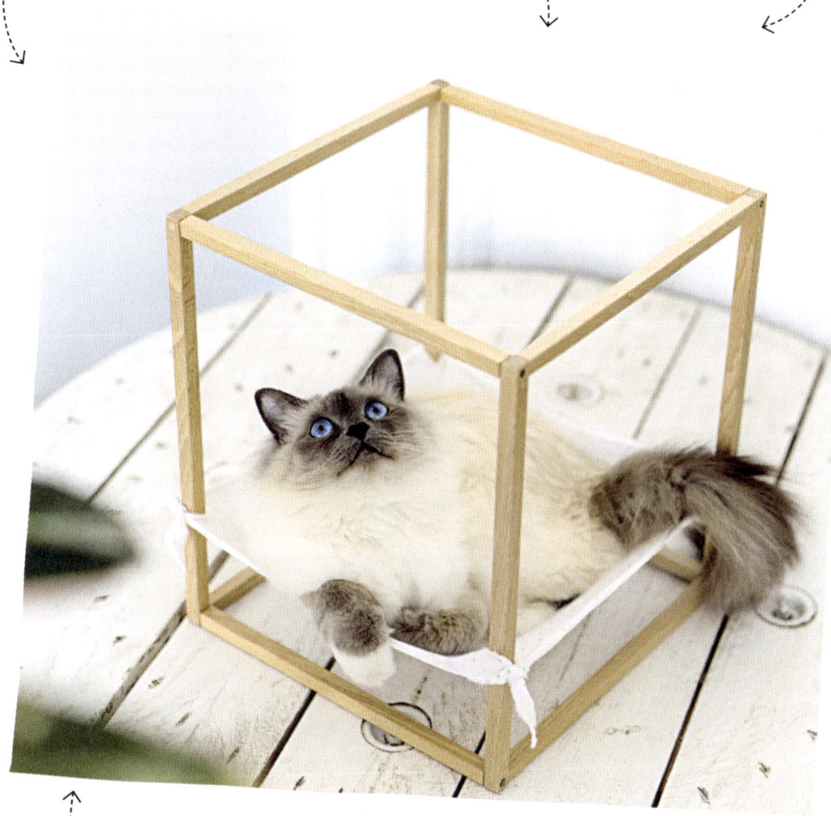

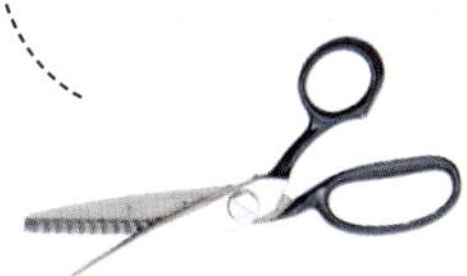

Des ciseaux de couture

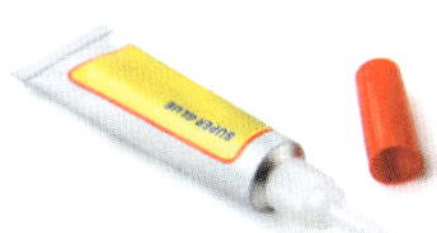

De la colle à bois
ultra-forte

COUSSIN TRESSÉ

C'est la niche de réconfort par excellence. Le tressage apporte douceur et moelleux et invite nos animaux de compagnie à prendre une pause. Un lit confortable et au look élégant que l'on a plaisir à exposer.

1 Découpez un rectangle de tissu de 14 x 170 cm et pliez-le en deux dans la longueur, endroit sur endroit. Cousez les bords en laissant une ouverture d'environ 10 cm. Coupez les pointes des coins puis retournez à l'endroit.

2 Introduisez la mousse de garniture pour former un boudin puis fermez l'ouverture avec une couture invisible.

COUTURE INVISIBLE

Déterminez les bords à assembler et pliez-les vers l'intérieur. Choisissez un fil de la même couleur que le tissu. Piquez dans l'un des bords et ressortez 5 mm plus loin dans le même bord puis piquez le bord en face et ressortez 5 mm plus loin dans ce même bord. Alternez ainsi sur toute la longueur à coudre.

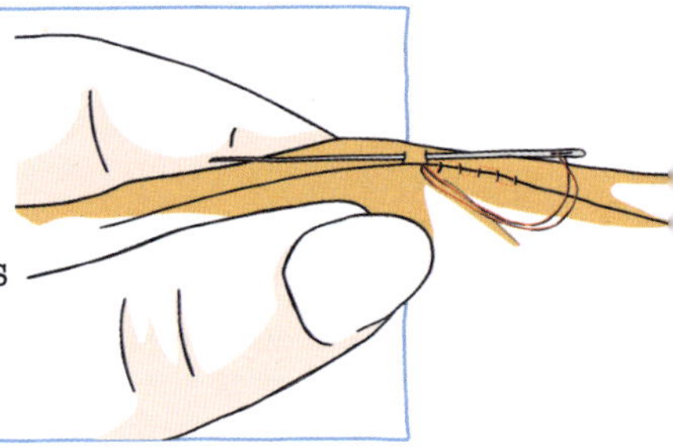

3 Répétez ces deux étapes pour obtenir deux autres boudins. Tressez les boudins et cousez ensemble les extrémités afin d'obtenir un cercle. Cousez le coussin rond à ce tressage pour créer une base confortable.

LE CONSEIL DE LAETITIA

Rond pour bien y dormir en boule, confortable avec des bords douillets où il posera sa tête : votre chat va adorer ! Attention à bien serrer les coutures et à ne pas laisser dépasser de fils : le chat a tendance à les mordiller et à les avaler, avec le risque d'une occlusion intestinale.

IL VOUS FAUT

Un rectangle de tissu en Lycra d'au moins 42 x 170 cm

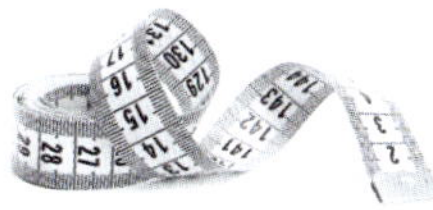

Un mètre

Du fil et une aiguille

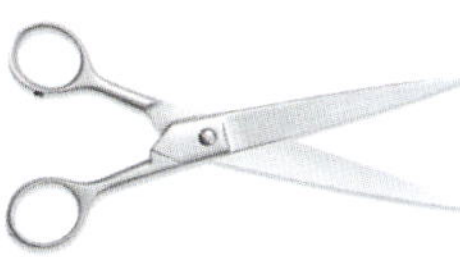

Une paire de ciseaux

De la mousse de garniture

Un coussin rond Ø 32 cm

TIPI POUR CHATS

Les matières (feutre et pin) de ce tipi au look nordique apportent chaleur et réconfort aussi bien à votre chat qu'à votre intérieur. Un format parfait pour les chats qui aiment particulièrement se glisser dans des cabanes.

1 Dessinez un cercle de 131 cm de diamètre sur la feutrine et tracez un rayon. Taillez une fente au cutter sur le rayon puis découpez le cercle.

2 Tracez un triangle de 33 cm de côté sur la plaque en bois, en prenant le centre de la plaque comme centre du triangle. Percez un trou d'1 cm à chaque angle du triangle.

3 Introduisez un tourillon dans chaque trou et réunissez le haut de ces tourillons en les ficelant.

4 Enroulez la feutrine sur elle-même sans serrer, de manière à obtenir un cône dont le diamètre de base sera identique à celui de la plaque en bois, puis coupez la pointe sur 15 cm.

5 Positionnez le cône en feutrine par-dessus les tourillons. Agrafez la base du cône sur la tranche de la plaque en bois. Agrafez la feutrine directement sur les tourillons pour maintenir la forme conique.

6 À l'opposé du bord apparent de la feutrine, dessinez un cercle de 15 cm de diamètre par lequel le chat entrera dans le tipi, et découpez-le au cutter.

7 Pour une jolie finition, couvrez la ficelle en haut du tipi avec du cordon en suédine. Glissez un coussin à l'intérieur pour le confort du chat.

LE CONSEIL DE LAETITIA

Le tipi procure au chat à la fois la tranquillité et la sécurité d'une tanière, d'un « nid », et la chaleur. Il est en particulier conseillé pour les chatons et les chats seniors, qu'il va rassurer.

IL VOUS FAUT

Un rectangle de feutrine écrue d'au moins 135 x 135 cm

Un cutter

Du cordon en suédine

Un coussin rond Ø 42 cm

3 tourillons en bois Ø 10 mm, de 87,90 et 93 cm

Un crayon

Une règle

De la ficelle

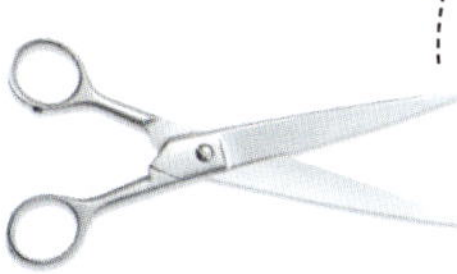

Une paire de ciseaux

Une plaque en bois ronde Ø 42 cm

Une perceuse

Une agrafeuse murale

NICHE OUVERTE OVALE

Cette niche ouverte, rehaussée par quelques piétements, est la zone de repos idéale pour que nos félins se sentent puissants et, il faut le dire, au centre de l'attention. Ils pourront ainsi trôner fièrement tels des pachas sur cette belle assise imaginée rien que pour eux.

1 Dessinez un rectangle de 23 x 79 cm sur la feutrine. Sur ce rectangle, tracez une petite croix à 6 cm de haut sur les deux côtés, et une petite croix au milieu du bord supérieur. Reliez la croix du haut aux deux croix latérales par une courbe.

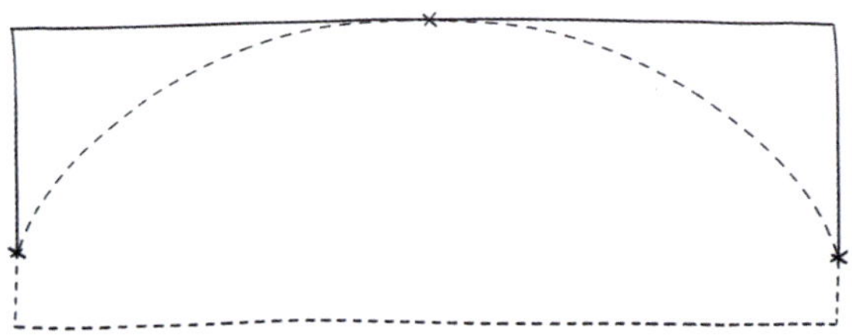

2 Découpez ce rectangle modifié à l'aide des ciseaux (pour les courbes), du cutter et de la règle (pour les lignes droites).

3 Posez la planche en bois au sol : elle servira de fond à la niche. Agrafez le bord droit de la feutrine à la tranche de la planche en bois.

4 Collez la bandelette de similicuir en long, au ras de la planche, pour faire une jolie jonction entre les deux bords de la feutrine.

5 Sciez le tourillon en trois puis collez ces trois parties sous la niche, à intervalles réguliers, afin de la stabiliser. Placez le coussin à l'intérieur.

LE CONSEIL DE LAETITIA

La stabilité de la couche est un point sensible pour le chat : si elle bouge, penche, glisse quand il y entre ou quand il change de place, il risque de développer une aversion pour elle. C'est pourquoi certains arbres à chat sont désertés par les félins.

IL VOUS FAUT

Un rectangle de feutrine de 30 x 85 cm

Un crayon

Un coussin rond Ø 32 cm

Un morceau de similicuir de 25 x 2 cm

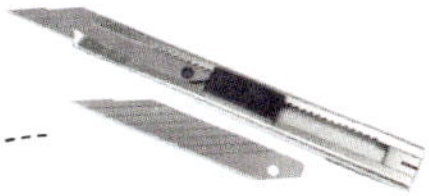

Un cutter

Une règle

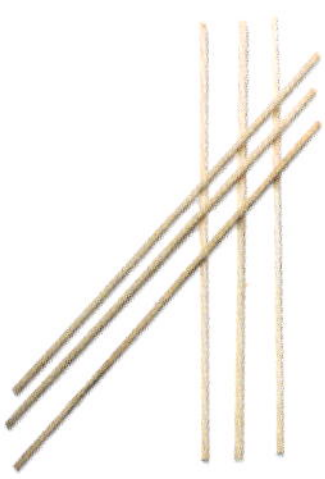

Un tourillon en bois Ø 15 mm de 21 cm de long

Une agrafeuse murale

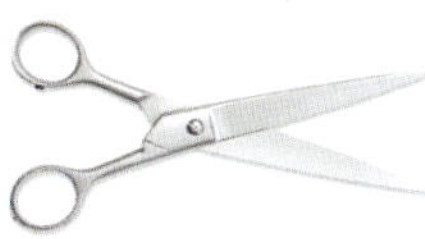

Une paire de ciseaux

Une plaque en bois ronde Ø 32 cm

Une scie

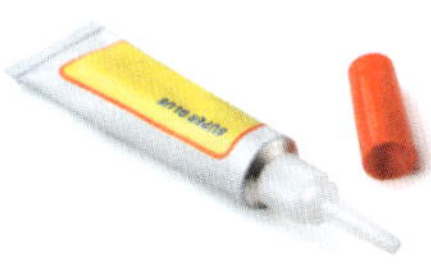

De la colle forte

COUSSIN SUSPENDU EN MACRAMÉ

Bon nombre de nos amis les chats aiment particulièrement se trouver en hauteur afin d'observer leur environnement en toute sécurité, alors quoi de mieux que de leur permettre de trouver ce réconfort en dormant ? Que ce refuge soit suspendu à une poutre, à un crochet fixé au plafond ou encore à une patère murale, offrez à votre animal le plaisir de se reposer sur ce coussin.

1 Percez un trou à chaque extrémité du tourillon, à 6 cm du bord. Coupez 14 morceaux de 9 m de corde à macramé et 1 morceau d'1 m.

2 Prenez la corde d'1 m et passez chaque extrémité dans un trou du tourillon. Faites un nœud simple pour bloquer chaque extrémité. Cela fera office d'anse.

3 Attachez toutes les cordes au tourillon avec un nœud en tête d'alouette.

NŒUD EN TÊTE D'ALOUETTE

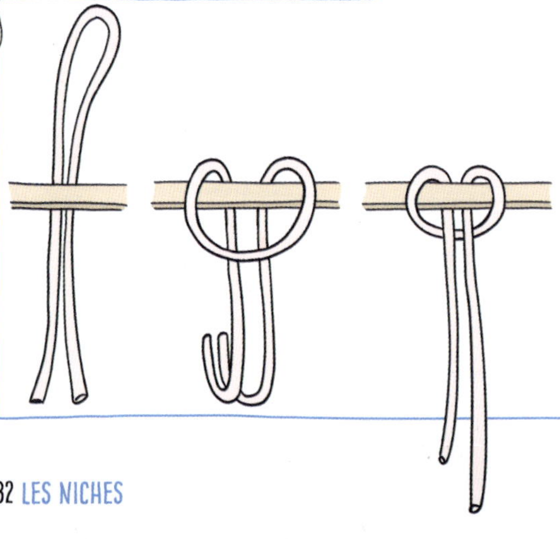

Pliez la corde en deux, passez la boucle ainsi créée autour du tourillon puis introduisez les deux extrémités de la corde dans la boucle et serrez.

IL VOUS FAUT

130 m de corde
à macramé

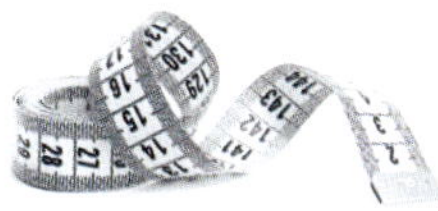

Un mètre

Un tourillon en bois
Ø 12 mm, de 58 cm de long

Une perceuse

Un coussin rond
Ø 35 cm

De la colle

4 Disposez les cordes sur le tourillon, comme suit :
2 cordes à 10 cm du bord, 2 cordes à 23 cm, 2 cordes à 26 cm, 2 cordes à 29 cm, 2 cordes à 32 cm, 2 cordes à 35 cm et 2 cordes à 48 cm.

5 Sur les deux nouages de chaque extrémité, réalisez avec les quatre brins une série de demi-nœuds plats torsadés sur environ 23 cm de longueur. Puis laissez pendre le reste de longueur de corde.

DEMI-NŒUD PLAT TORSADÉ

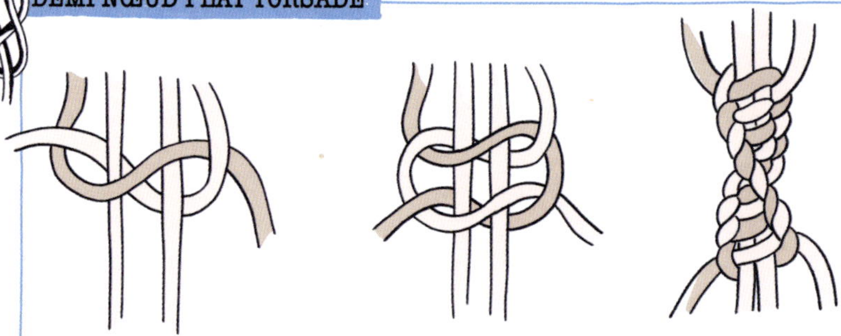

Passez le brin de gauche au-dessus des deux brins du milieu puis en dessous du brin de droite.

Passez le brin de droite en dessous des deux brins du milieu puis au-dessus du brin de gauche.

Serrez puis répétez cette action, toujours dans ce sens.

6 Sur les cinq paires du centre, réalisez un triangle inversé de nœuds plats.

NŒUD PLAT

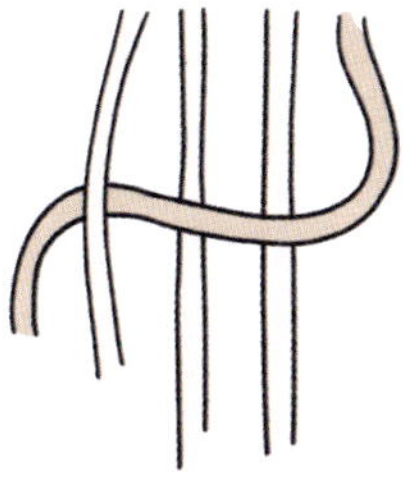

Passez le brin de droite devant
les deux brins du milieu
et derrière le brin de gauche.

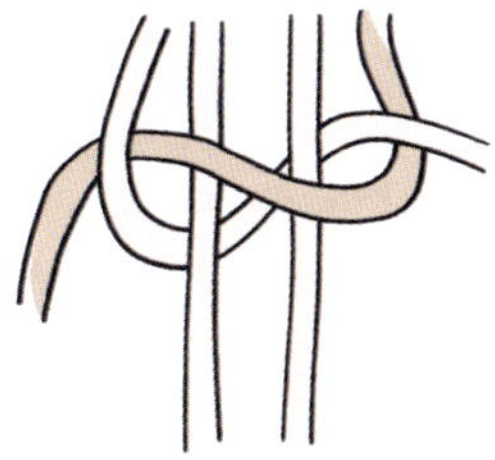

Puis passez le brin de gauche
derrière les deux brins du milieu
pour la ramener devant le brin
de droite.

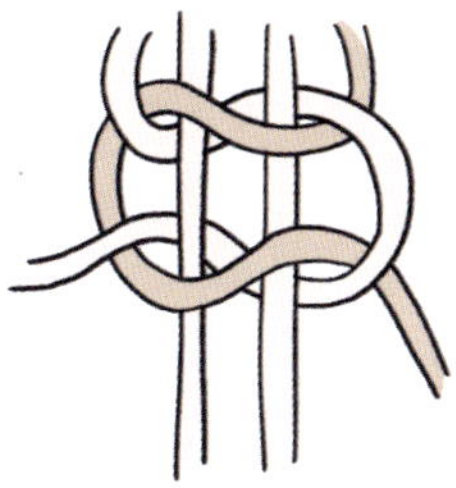

Répétez l'opération, mais en
inversant, c'est-à-dire :
passez le brin de droite derrière
les deux brins du milieu et devant
le brin de gauche. Puis passez
le brin de gauche devant les deux
brins du milieu et derrière le brin
de droite.

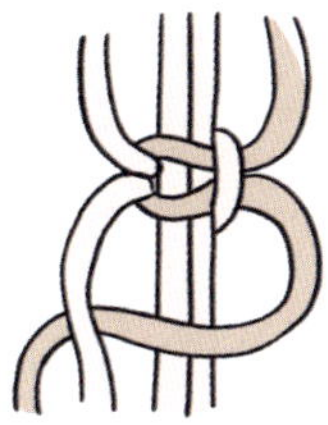

Serrez le nœud.
Répétez ces étapes sur
la longueur souhaitée.

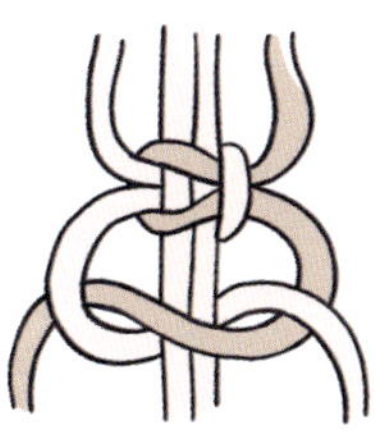

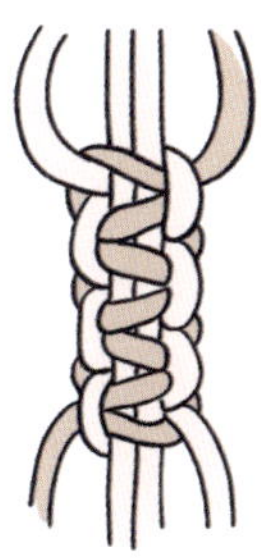

Pour obtenir une forme de triangle inversé, utilisez de moins en moins les brins extérieurs.

7 Poursuivez par des baguettes obliques pour terminer ce triangle.

BAGUETTE OBLIQUE

Placez le brin le plus à gauche en diagonale au-dessus de tous les autres brins en guise de tige. Passez le deuxième brin autour de la tige en passant d'abord par-dessous.
Repassez-le ensuite sous la tige puis dans sa propre boucle et serrez ce premier nœud.
Répétez l'opération avec le même brin pour obtenir un deuxième nœud.
Laissez pendre le brin de ces premiers nœuds et faites deux nœuds avec le brin suivant, puis avec le suivant, et ainsi de suite jusqu'au neuvième brin. Attention à placer vos nœuds chaque fois un peu plus bas, pour que la tige reste bien placée en diagonale.

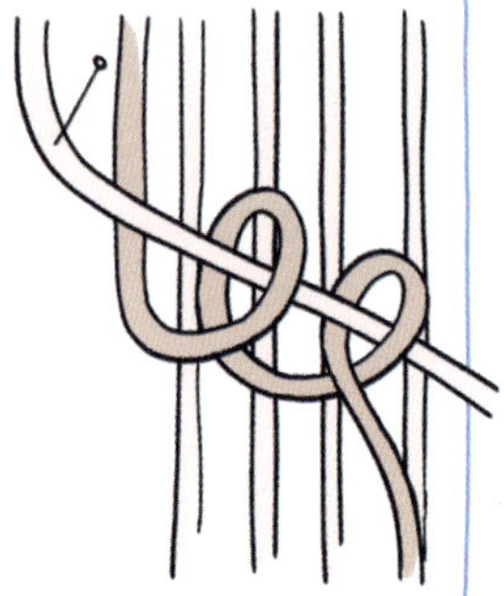

Placez le brin le plus à droite en diagonale au-dessus de tous les autres brins et faites une baguette oblique dans l'autre sens.
Réalisez trois baguettes obliques parallèles de chaque côté.

8 Croisez les cordes afin qu'elles retrouvent leur place initiale (avant les baguettes obliques) et réalisez deux nouvelles baguettes obliques de chaque côté en intégrant deux brins des extrémités.

9 Laissez environ 50 cm de longueur de corde intacte après le macramé et nouez la totalité en un gros nœud qui se logera sous le coussin et le maintiendra.

10 Fixez le coussin dans les fils tendus.

11 Renforcez le nouage en serrant davantage ou en y appliquant un point de colle. Puis, suspendez la création pour accueillir votre chat.

LE CONSEIL DE LAETITIA

La solidité de l'ensemble est le point crucial de l'ouvrage :
il devra supporter un poids allant de 3 kg (petit chat) à 10 kg (chat maine coon).
Les cordes doivent être bien serrées et les baguettes bien à distance les unes des autres pour éviter que le chat ne se coince une griffe, une patte ou la tête.
Fixez bien le coussin à l'ensemble pour éviter qu'il ne tombe, emportant ainsi le chat. Je recommande aussi de couper régulièrement les griffes de votre animal pour éviter qu'il ne s'en coince une dans les cordes.
Ce couffin suspendu est déconseillé pour les chatons et les jeunes chats actifs qui pourraient se blesser en l'utilisant.

HAMAC EN MACRAMÉ

Pour les plus confiants, joueurs ou fainéants de nos amis à poils, ce hamac sera du plus bel effet. Fixez-le près d'une fenêtre, dans un endroit ensoleillé, pour offrir à votre chat un joli point de vue mais également un endroit rêvé pour se prélasser.

1 Percez le tourillon à chaque extrémité et le cadre à chaque coin. Coupez 10 morceaux de 2,30 m de corde à macramé.

2 Introduisez quatre cordes dans l'anneau, et fixez-les avec un nœud en tête d'alouette de façon à obtenir huit brins à tisser.

NŒUD EN TÊTE D'ALOUETTE

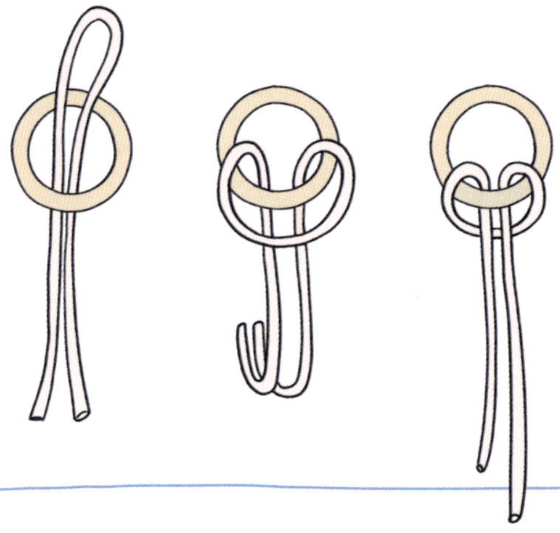

Pliez la corde en deux, passez la boucle ainsi créée autour de l'anneau puis introduisez les deux extrémités de la corde dans la boucle et serrez.

IL VOUS FAUT

23 m de corde
à macramé

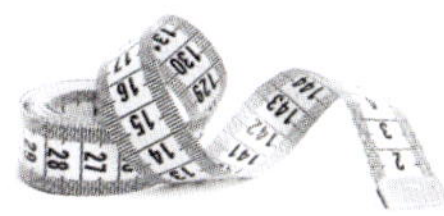

Un mètre

Un cadre en bois
de 32 x 43 cm

Un tourillon en bois
Ø 7 mm de 44 cm de long

Un anneau en bois
Ø 5 cm

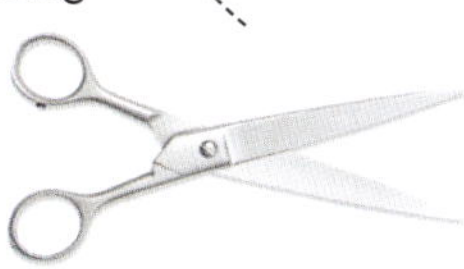

Une paire de ciseaux

Une perceuse

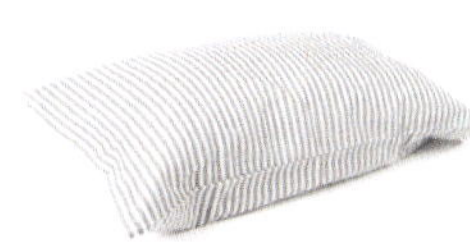

Un coussin ou
un rectangle de tissu épais

3 Avec les quatre brins de gauche, réalisez une série de demi-nœuds plats torsadés sur environ 25 cm de long. Faites de même avec les quatre brins de droite.

DEMI-NŒUD PLAT TORSADÉ

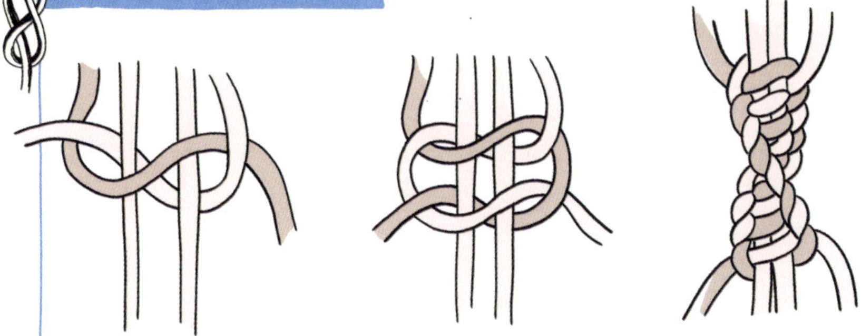

Passez le brin de gauche au-dessus des deux brins du milieu puis en dessous du brin de droite.

Passez le brin de droite en dessous des deux brins du milieu puis au-dessus du brin de gauche.

Serrez puis répétez cette action, toujours dans ce sens.

4 Introduisez les quatre brins de gauche dans un des trous du tourillon puis faites un nœud avec seulement deux des brins. Introduisez les quatre brins de droite dans l'autre trou et faites également un nœud avec seulement deux d'entre eux. Coupez les brins noués sous le nœud ; il ne reste alors que quatre longs brins.

5 Passez chaque brin dans un trou du cadre en bois et faites un nœud à l'extrémité du brin. Vous obtenez ainsi une structure suspendue dans laquelle il ne vous restera plus qu'à réaliser le nouage macramé pour le hamac.

6 Sur un coté du cadre, fixez six cordes grâce au nœud d'alouette, pour obtenir douze brins à tisser. Distancez-les à intervalles réguliers, un à chaque extrémité, deux au centre.

7 Exécutez un nœud plat alterné, sans oublier de passer les brins autour des bords du cadre pour maintenir le nouage. Les espacements de ce nouage dépendront de la corpulence de votre chat.

NŒUD PLAT ALTERNÉ

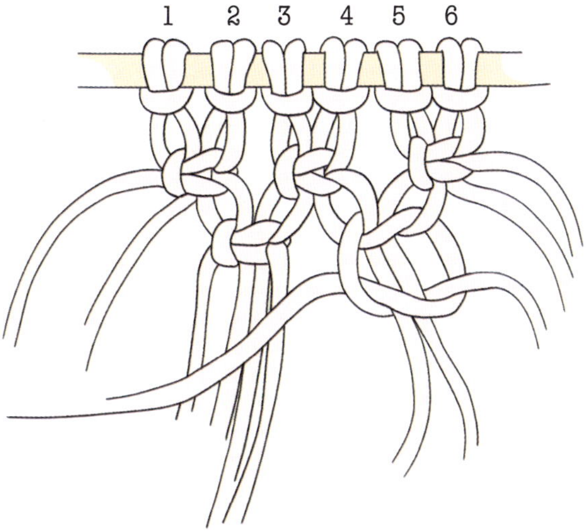

Commencez par réaliser 3 nœuds plats (voir p. 137) : 1 nœud à partir des cordes 1 et 2, 1 nœud à partir des cordes 3 et 4, et 1 nœud à partir des cordes 5 et 6. Réalisez ensuite 2 nœuds en quinconce : 1 nœud à partir des cordes 2 et 3, 1 nœud à partir des cordes 4 et 5. Puis réalisez de nouveau 3 nœuds avec les paires initiales. Et ainsi de suite jusqu'à atteindre l'autre bord du cadre.

8 Terminez par une baguette horizontale inversée, sur la longueur opposée du cadre.

BAGUETTE HORIZONTALE INVERSÉE

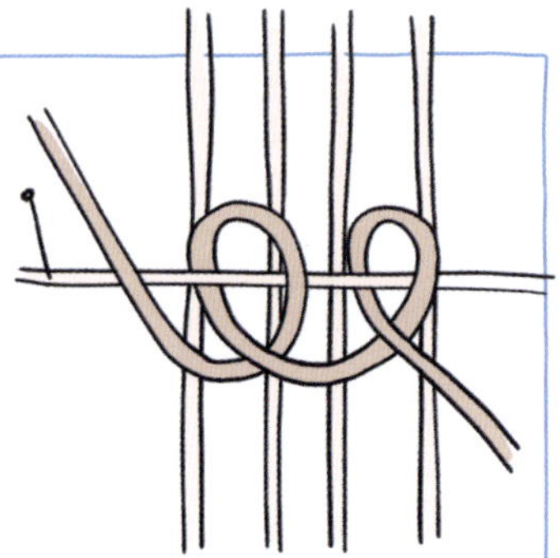

Placez le brin de gauche à l'horizontale au-dessus de tous les autres brins en guise de tige.
Passez le brin le plus à gauche, autour de la tige en passant d'abord par-dessus (c'est pourquoi on dit « inversé »). Repassez-le ensuite sous la tige puis dans sa propre boucle et serrez ce premier nœud.
Répétez l'opération avec le même brin pour obtenir un second nœud. Laissez pendre le brin de ce premier nœud et faites deux nœuds avec le brin suivant puis tous les brins suivants.
Pensez à maintenir la tige bien droite lorsque vous serrez le nœud, de manière à rester parallèle à votre bâton de montage.

9 Fixez le coussin sur le hamac.

LE CONSEIL DE LAETITIA

Les chats ne sont pas toujours fans de hamacs pour dormir (car ils ne sont pas stables) mais les chatons et les jeunes chats les prennent pour un terrain de jeu aérien ! Vous pourrez y attacher des jouets (plumes, souris, gland...) suspendus par des ficelles pour encore plus de fun. Attention à placer et à bien fixer un coussin sur le hamac afin d'éviter que le chat ne se coince une patte ou la tête entre les cordes et se blesse. Et évitez de placer le hamac trop en hauteur, en raison des risques de chute.

L'ALIMENTATION

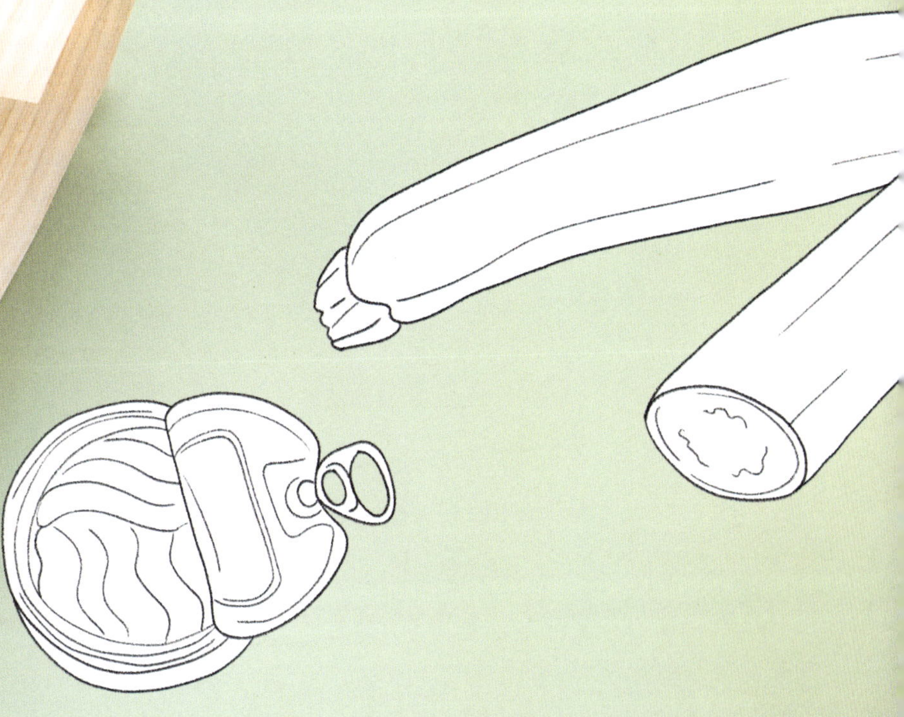

LE REPAS,
C'EST SACRÉ !

Alors qu'elles étaient confidentielles il y a encore dix ans, on trouve aujourd'hui de nombreuses friandises pour chat aux goûts divers et variés dans les rayons pour animaux.

Les produits industriels sont très souvent remplis d'additifs, de colorants, de sucres et de conservateurs qui pourraient expliquer de nombreuses maladies félines.

Alors pourquoi ne pas faire vous-mêmes des friandises maison ? Attention, il faut les considérer comme des bonbons pour chat. Elles restent riches en graisses et en calories, et sont à donner avec parcimonie et à bon escient : sous forme de jeu à cacher dans un plateau d'activité, une bouteille en plastique avec des trous, une chaussette, un jouet creux pour chat... Et pas plus de quelques-unes par jour, surtout si votre félin est en surpoids. Elles ne doivent jamais remplacer ses repas.

FRIANDISES EN TROIS INGRÉDIENTS

Pas besoin de beaucoup pour combler nos amis à poils : il suffit de trois ingrédients seulement pour avoir la satisfaction de leur offrir une alimentation saine et maîtrisée.

1 Préchauffez le four à 180 °C et recouvrez la plaque du four de papier cuisson.

2 Passez le saumon non égoutté au mixeur. Battez l'œuf et mélangez-le avec le saumon mixé et la farine jusqu'à ce que la pâte se forme.

3 Farinez votre plan de travail puis étalez finement la pâte à l'aide du rouleau.

4 Découpez de petites formes à l'aide d'un couteau ou d'un petit emporte-pièce pour former les friandises.

5 Placez les friandises sur la plaque et enfournez pour 20 minutes jusqu'à ce qu'elles soient légèrement dorées et croquantes. Laissez-les refroidir à température ambiante avant de les donner à votre chat.

Conservation : gardez ces friandises jusqu' à sept jours dans une boîte hermétique placée au réfrigérateur.

LE CONSEIL DE LAETITIA

Le saumon est un aliment intéressant pour sa richesse en protéines, en taurine (un acide aminé essentiel pour le chat) et surtout en acides gras oméga 3 qui participent à la beauté du pelage. Mais il est très calorique et ne doit pas être donné en grande quantité. N'utilisez pas de saumon fumé, un aliment trop riche en sel et potentiellement toxique.

IL VOUS FAUT

1 œuf

Un rouleau à pâtisserie

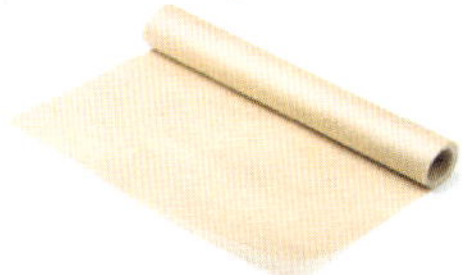

Du papier cuisson

280 g de saumon en boîte ou de saumon cuit

100 g de farine de blé complet

Un mixeur

Un couteau ou un petit emporte-pièce

FRIANDISES À BASE DE PÂTÉE

C'est la recette idéale pour offrir un peu de changement à un chat qui boude très rapidement sa pâtée. Revisitez-la en la proposant sous forme de friandises et le tour sera joué, vous le stimulerez par de la nouveauté et le séduirez à coup sûr.

1 Préchauffez le four à 180 °C et recouvrez la plaque du four de papier cuisson.

2 Battez l'œuf et mélangez-le à la pâtée. Fouettez jusqu'à obtenir une consistance lisse puis ajoutez la farine. Mélangez jusqu'à ce que la pâte se forme.

3 Placez une feuille de papier cuisson sur le plan de travail, positionnez la pâte dessus puis recouvrez de papier cuisson. Étalez la pâte à l'aide du rouleau à pâtisserie jusqu'à obtenir 1 cm d'épaisseur.

4 Découpez de petites formes à l'aide d'un couteau ou d'un petit emporte-pièce pour former les friandises.

5 Placez les friandises sur la plaque et enfournez pour 10 minutes. Laissez refroidir avant de les donner à votre chat.

Conservation : gardez ces friandises jusqu' à sept jours dans une boîte hermétique placée au réfrigérateur.

IL VOUS FAUT

1 œuf

Une boîte de pâtée
pour chats

100 g de farine

Un couteau ou un petit
emporte-pièce

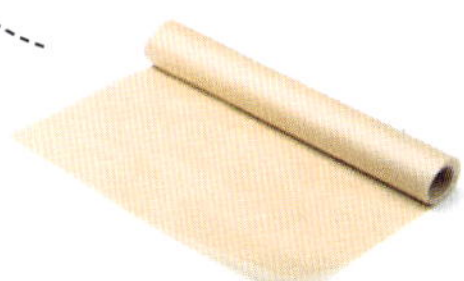

Du papier cuisson

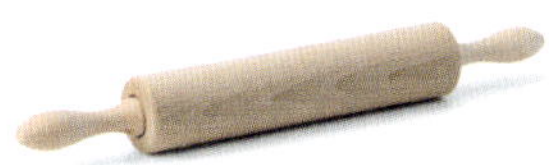

Un rouleau à pâtisserie

FRIANDISES AU THON

De petites friandises en guise de récompenses cuisinées par nos soins pour assurer une nourriture naturelle et saine. Voilà qui est allèchant !

1 Préchauffez le four à 180 °C et recouvrez la plaque du four de papier cuisson. Mélangez le thon égoutté, l'œuf, les farines et l'huile. Réalisez des boulettes de cette préparation (avec environ ½ cuillerée à café de préparation par boulette). Marquez chaque boule à la fourchette et placez-les sur la plaque.

2 Faites cuire environ 10 minutes. Les friandises sont prêtes quand elles sont sèches sur le dessus et légèrement dorées. Laissez refroidir complètement avant de les donner à votre chat.

Conservation : gardez ces friandises jusqu' à sept jours dans une boîte hermétique placée au réfrigérateur.

LE CONSEIL DE LAETITIA

La plupart des chats raffolent du thon mais celui-ci ne doit être donné qu'en petite quantité. En effet, le thon est le poisson qui contient le plus de mercure. En donner tous les jours, plusieurs mois de suite, peut être préjudiciable pour la santé du chat. Vous pouvez remplacer le thon dans la recette par des sardines (en ôtant l'huile) ou du maquereau. Concernant le choix du thon, préférez les thons albacore ou listao pêchés à la canne, à la ligne ou à la senne, ou encore bio, des espèces et des méthodes qui garantissent une pêche durable et respectueuse de l'environnement. Le thon en boîte est très salé : ces friandises sont donc déconseillées si votre chat souffre de troubles cardiaques, d'hypertension et/ou d'hyperthyroïdie.

IL VOUS FAUT

1 œuf

85 g de thon au naturel

45 g de farine d'avoine

55 g de farine de blé entier

1 cuillère à soupe d'huile d'olive ou de colza

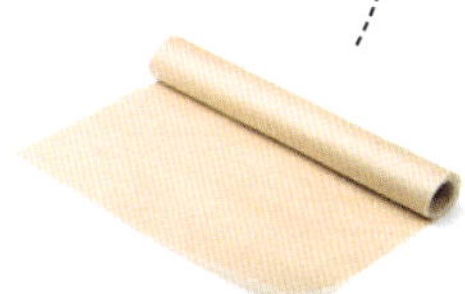

Du papier cuisson

FRIANDISES AU POULET

Les chats peuvent bénéficier de quelques morceaux de poulet, soigneusement cuisinés pour eux. Proposez-leur sous la forme de friandises confectionnées pour ravir leurs papilles.

1 Préchauffez votre four à 180 °C et recouvrez la plaque du four de papier cuisson.

2 Coupez le filet de poulet en morceaux et faites-les cuire à la vapeur, sans ajout de matière grasse. Laissez la viande refroidir pendant 20 minutes.

3 Mixez le poulet refroidi, la courgette, l'œuf et l'avoine en une préparation homogène. La pâte doit avoir une texture semblable à du sable mouillé.

4 Ajoutez la farine et pétrissez la pâte à la main jusqu'à la rendre beaucoup moins collante.

5 Farinez votre plan de travail puis étalez la pâte à l'aide du rouleau jusqu'à obtenir 1 cm d'épaisseur.

6 Découpez de petites formes à l'aide d'un couteau ou d'un petit emporte-pièce pour former les friandises.

7 Placez les friandises sur la plaque et enfournez pour 20 minutes. Laissez-les refroidir à température ambiante avant de les donner à votre chat.

Conservation : gardez ces friandises jusqu' à sept jours dans une boîte hermétique placée au réfrigérateur.

IL VOUS FAUT

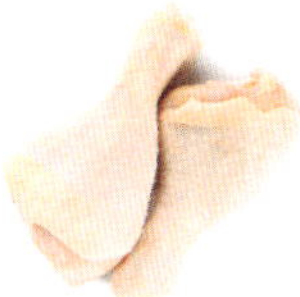

85 g de filet de poulet

1 œuf

80 g d'avoine
à cuisson rapide

80 g de courgette

20 g de farine

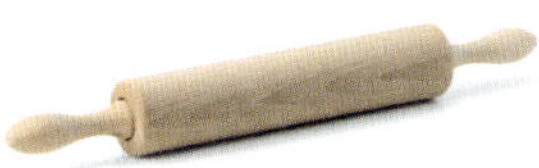

Un rouleau à pâtisserie

Un couteau
ou un petit emporte-pièce

Du papier cuisson

Un mixeur

FRIANDISES CHEDDAR-SAUMON

Cheddar et saumon : deux ingrédients dont nos félins raffolent réunis dans une friandise concoctée rien que pour eux. À donner pour les féliciter d'un bon comportement : cela renforcera le lien entre le chat et le maître.

1 Préchauffez le four à 180 °C et recouvrez la plaque du four de papier cuisson. Battez les œufs et ajoutez le saumon, le cheddar, la farine et la levure. Mélangez bien.

2 Farinez votre plan de travail puis étalez finement la pâte à l'aide du rouleau.

3 Découpez de petites formes à l'aide d'un couteau ou d'un petit emporte-pièce pour former les friandises.

4 Placez les friandises sur la plaque et enfournez pour 15 minutes, jusqu'à ce que les biscuits soient bien dorés. Laissez-les refroidir à température ambiante avant de les donner à votre chat.

Conservation : gardez ces friandises jusqu' à sept jours dans une boîte hermétique placée au réfrigérateur.

LE CONSEIL DE LAETITIA

Beaucoup de chats aiment le fromage mais il doit être donné avec parcimonie. En effet, les produits laitiers contiennent du lactose (un sucre du lait) que les chats sevrés digèrent moins bien et qui peut provoquer chez eux des troubles digestifs. Le cheddar a l'avantage d'être pauvre en lactose donc il devrait être bien toléré par votre chat. En revanche, évitez de lui donner du fromage frais à tartiner ou du fromage blanc, très riches en lactose.

IL VOUS FAUT

1 œuf

10 g de cheddar râpé

60 g de saumon
en boîte ou de saumon cuit

1 cuillère
à soupe de levure
chimique
sans gluten

20 g de farine de riz

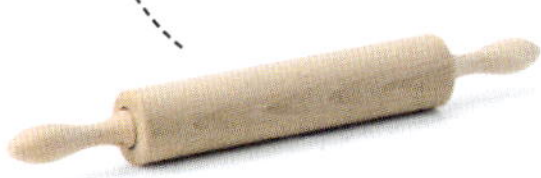

Un rouleau à pâtisserie

Un couteau ou un petit
emporte-pièce

Du papier cuisson

BOÎTES À CROQUETTES PERSONNALISÉES

Conservez la nourriture de votre animal de compagnie avec style. *Exit* les sacs de croquettes posés en vrac, on opte plutôt pour de jolis récipients métalliques, avec couvercle en bois pour la finition. La personnalisation permet alors une meilleure organisation et un résultat unique, que l'on a choisi d'exposer. Qui dit mieux ?

1 Sur un ordinateur, dans la police de votre choix, écrivez ce que vous souhaitez voir figurer sur la boîte et imprimez sur une feuille A 4. Grisez tout le verso de la feuille au crayon de papier. Scotchez ce papier à même le contenant, la zone grisée contre le contenant, en plaçant le texte à l'endroit voulu.

2 Repassez le contour des lettres au crayon, en appuyant assez fermement afin d'effectuer un transfert. Puis, ôtez délicatement le papier pour dévoiler la typographie reportée sur le contenant. Avec les feutres adaptés au matériau du contenant, redessinez les contours des lettres. Réalisez les dessins de votre choix avec les feutres sur les boîtes afin de les différencier.

3 Remplissez les boîtes de croquettes et de friandises. Cela permet d'obtenir de jolis contenants à exposer dans sa cuisine.

LE CONSEIL DE LAETITIA

La bonne conservation des croquettes est un élément essentiel à la santé de votre chat. Au contact de l'air ou exposés aux UV, les nutriments s'altèrent et l'aliment peut même, par oxydation, devenir toxique. Les boîtes doivent donc être bien hermétiques et, si elles sont en verre, ne pas être exposées à la lumière (les ranger dans un placard). Ne conservez pas plus de 3 à 4 semaines des croquettes dans une boîte.

IL VOUS FAUT

Un crayon de papier

Des croquettes

Du ruban adhésif repositionnable

Des contenants hermétiques (verre, métal…)

Des stylos adaptés à la matière des contenants

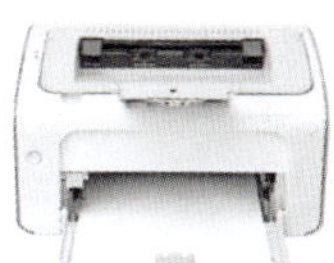

Une imprimante et du papier

SUPPORT SIMPLE POUR GAMELLES

Fini les gamelles dépareillées ou les vieux bols posés à même le sol. Nos amis les bêtes ont droit eux aussi à de jolis supports qui leur sont dédiés. Créez, rien que pour eux, un espace repas minimal et plein d'élégance.

1 Percez dans la plaque les deux emplacements qui accueilleront les gamelles. Vous pouvez également choisir de poser simplement les gamelles sur la plaque.

2 Collez les quatre perles en bois sous la plaque, aux quatre coins.

3 Posez ce support sur le sol et installez les gamelles dans les trous.

LE CONSEIL DE LAETITIA

La double gamelle permet de proposer la boisson et la ration au même endroit. Mais certains chats n'aiment pas boire à proximité de leur nourriture. Vous pouvez alors utiliser une gamelle pour les croquettes et la seconde pour la pâtée ou les petits plats maison. Et proposer une fontaine à eau pour chat à l'autre bout de la pièce.

IL VOUS FAUT

2 gamelles Ø 16 cm

4 perles en bois Ø 4 cm

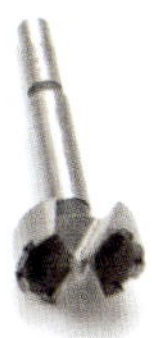

Une perceuse et une scie cloche Ø 15 cm

Si vous ne possédez pas le matériel, les magasins de bricolage proposent souvent ce genre de prestation.

Une plaque en bois aux bords arrondis de 14,5 X 33 x 1 cm

De la colle

SUPPORT FILAIRE POUR GAMELLES

Aérien et aisément accessible par votre chat lors de son moment repas, ce support a tout pour plaire. Simple à réaliser, ergonomique et facile d'entretien, il sera vite adopté.

1 Formez un rectangle à plat à l'aide de 2 tasseaux de 9,5 cm et de 2 tasseaux de 24,5 cm. Fixez-les avec de la colle à bois. Formez un second rectangle, identique au premier, et ajoutez un tasseau de 9,5 cm au milieu, à la verticale.

2 Liez les deux rectangles entre eux avec les tasseaux de 7 cm, positionnés à chaque angle.

3 Installez alors les gamelles dans les deux zones prévues.

IL VOUS FAUT

Deux gamelles
Ø 10,5 cm

5 tasseaux en bois de 10 x 17 mm, de 9,5 cm de long
4 tasseaux en bois de 10 x 17 mm, de 7 cm de long
4 tasseaux en bois de 10 x 17 mm, de 24,5 cm de long

De la colle à bois

SUPPORT CYLINDRIQUE POUR GAMELLE

Ce joli support à gamelle au look épuré est idéal pour rehausser l'espace d'hydratation ou de friandises de votre chat. Vous pouvez également y placer l'herbe-à-chats et ainsi le stimuler lorsqu'il se nourrit !

1 Réalisez une encoche au cutter à chaque extrémité des baguettes.

2 Introduisez les anneaux dans ces encoches et renforcez par un point de colle.

3 Peignez la création à la bombe aérosol, puis laissez sécher. Glissez la gamelle dans l'anneau du haut.

LE CONSEIL DE LAETITIA

Ce support sera très bien pour une gamelle d'eau. Pour manger leurs croquettes ou de la pâtée, certains félins préfèrent leur gamelle le plus près possible du plancher des vaches.

IL VOUS FAUT

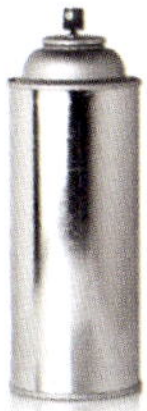

De la peinture aérosol naturelle et non toxique de la couleur de votre choix

2 anneaux en bois Ø 10 cm, de rebord 5 mm ou moins

De la colle

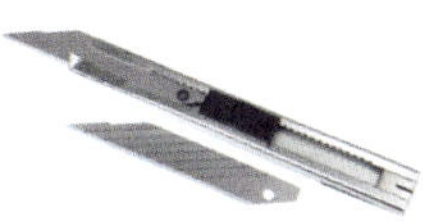

Un cutter

Une gamelle Ø 10 cm

3 baguettes en bois de 6 x 6 mm, de 12 cm de long

SUPPORT D'ANGLE POUR GAMELLES

Il est parfois difficile de déterminer la zone d'alimentation de votre chat, qui peut très rapidement se retrouver dans un lieu de vie bruyant. Réalisez cette gamelle d'angle pour lui offrir un moment d'isolement tout en utilisant un espace peu optimisé, tel qu'un recoin. En plus de deux bols pour l'eau et la nourriture, glissez-y une source de vitamines, comme l'herbe-à-chats, et vous le comblerez.

1 Dessinez sur la planche un triangle rectangle de 32 x 32 x 41 cm (adaptez le triangle et ses dimensions à l'angle de votre intérieur qui accueillera ce support pour gamelles ; ici l'angle est de 90°).

2 Découpez le triangle à la scie sauteuse, en arrondissant les angles. Percez trois emplacements de 9 cm de diamètre avec la scie cloche pour accueillir les deux gamelles et l'herbe-à-chats.

3 Collez ensuite les tasseaux debout, sous la création pour la rehausser. Collez la feuille de bois sur le côté qui fera face au chat, de façon à cacher les pieds.

4 Posez ce support au sol, dans l'angle que vous aurez choisi, et installez les gamelles ainsi que le pot d'herbe-à-chats dans les trous prévus à cet effet.

LE CONSEIL DE LAETITIA

On oublie souvent de proposer au chat son « petit coin de verdure » qu'il apprécie pourtant (dans la nature, il adore grignoter les herbes fraîches). La consommation d'herbe donne du lest (grâce aux fibres), qui permet un meilleur transit digestif du bol alimentaire et facilite la régurgitation des boules de poils. À ne pas oublier, surtout si votre chat ne sort pas !

IL VOUS FAUT

Une feuille de bois souple de 12 x 41 cm

2 gamelles Ø 10 cm

3 tasseaux de 35 x 35 mm, de 11 cm de long

Un pot d'herbe-à-chats Ø 10 cm

De la colle à bois

Une règle

Un crayon

Une perceuse et une scie cloche Ø 9 cm
Si vous ne possédez pas le matériel, les magasins de bricolage proposent souvent ce genre de prestation.

Une scie sauteuse

Une plaque de bois de 41 x 41 x 1 cm

LES ACCESSOIRES

LA PANOPLIE
D'UN CHAT HEUREUX

Pour la sécurité de votre chat, préférez un harnais adapté à son gabarit plutôt qu'un collier. Il est conseillé de le surveiller lorsqu'il interagit avec les accessoires et de vérifier régulièrement l'état de ces derniers pour vous assurer de l'absence de risque.

PLATEAU D'ACTIVITÉ À ONDULATIONS

Cette création pour chat est conçue pour réguler l'appétit et lutter contre le manque d'activité des félins vivant en appartement. Réalisé à partir d'une chute de similicuir épais, ce plateau permettra à votre chat d'être stimulé lors de sa pause repas.

1 Collez le bord du similicuir sur le bord de la plaque, sur la largeur.

2 Glissez le tourillon sous le similicuir, contre la partie collée, afin de créer une vague. Puis collez le similicuir sur la plaque, sur 2 cm, de l'autre côté du tourillon. Enlevez le tourillon.

3 Répétez l'opération de façon à obtenir six vagues sur la longueur de la plaque, puis collez l'extrémité du tissu sur la plaque.

4 Il ne reste plus qu'à glisser des croquettes entre les vagues pour stimuler votre chat.

IL VOUS FAUT

Un rectangle de similicuir de 19 x 55 cm

Des croquettes

Une plaque en bois de 19 x 30 cm

De la colle forte

Un tourillon en bois Ø 25 mm

PLATEAU D'ACTIVITÉ À TOURILLONS

Ce plateau interactif est idéal pour les gloutons. Glissez quelques friandises et croquettes à l'intérieur. Avec ses tourillons en bois mobiles, il encourage le chat à faire un effort pour obtenir sa nourriture !

1 Sciez les tourillons afin d'en obtenir une quinzaine de la taille de la largeur intérieure de la caisse. Peignez les tourillons coupés dans la ou les couleurs de votre choix.

2 Coupez le tasseau afin d'obtenir deux morceaux équivalents à la longueur intérieure de la caisse. Collez-les sur les parois intérieures de la caisse, à mi-hauteur et bien droites. Posez les tourillons sur ces rebords.

3 Collez les feuilles de bois sur les rebords de la caisse, au-dessus des tourillons. Les tourillons seront ainsi maintenus en dessous par les tasseaux et au-dessus par les feuilles de bois.

4 Coupez un rectangle de la taille du fond de la caisse dans le set de table et positionnez-le au fond de la caisse. Glissez des croquettes ou des friandises dans la caisse en bois. Le chat devra déplacer les tourillons pour y accéder.

LE CONSEIL DE LAETITIA

Je recommande, pour tous les chats d'appartement et les chats gloutons, ce que j'appelle les « distributeurs ludiques de croquettes ». Le principe est d'inciter le chat à dénicher la croquette avec sa patte. Ce jeu l'incite à manger lentement (croquette par croquette) et moins (effet rassasiant) mais aussi et surtout comble ses besoins de chasse et d'activités. Pour lui apprendre à se servir de ce plateau, placez au départ des friandises sous les tourillons, puis des croquettes. À terme, ne laissez plus de nourriture dans sa gamelle, pour le pousser à aller à la pêche aux croquettes !

IL VOUS FAUT

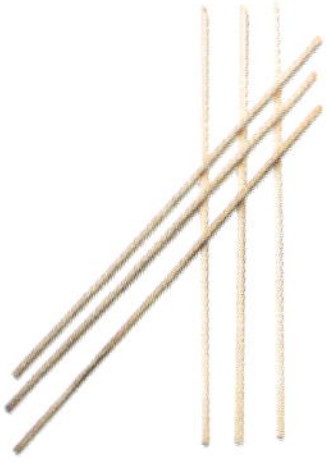

4 tourillons en bois d'1 m, Ø 2 cm

Un tasseau de 9 x 27 mm

Des croquettes

De la peinture aérosol naturelle et non toxique des couleurs de votre choix

Une scie

De la colle à bois

Une pe aisse en bois (ici : 43,5 x 22 x 5 cm)

Un set de table en plastique

Des feuilles de bois épaisses

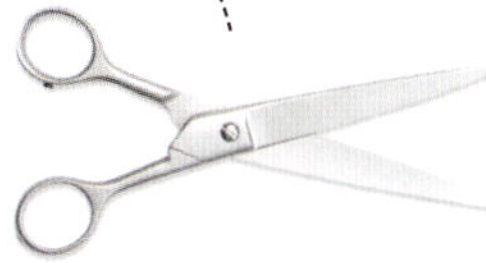

Une paire de ciseaux

PAILLASSON PERSONNALISÉ

Idéal en sortie de litière ou encore dans un endroit dédié, comme dans sa zone d'alimentation, ce paillasson très robuste évitera à votre chat de salir votre intérieur. Le dos antidérapant promet un grand confort pour votre animal.

1 Sur l'envers du paillasson, dessinez la forme d'un chat allongé. Le modèle mesure ici 38 x 24 cm.

2 Découpez la forme au cutter, en prenant soin de protéger la zone de découpe. Utilisez les ciseaux pour une finition nette.

3 Au bas du paillasson obtenu, à main levée ou à l'aide d'un modèle, utilisez le feutre pour écrire le mot de votre choix. Repassez plusieurs fois avec le feutre afin d'intensifier le dessin.

4 Installez ce paillasson à la sortie de la litière de votre chat ou dans son espace de nourriture.

LE CONSEIL DE LAETITIA

Un paillasson bien utile pour retenir les graviers de litière qui collent aux pattes du chat et qu'il sème dans la maison. On peut aussi se servir du paillasson comme griffoir : dans ce cas, installez-le sur le sol ou fixez-le au mur près de son lieu de repos préféré.

IL VOUS FAUT

Un paillasson fin de 40 x 25 cm

Un feutre épais

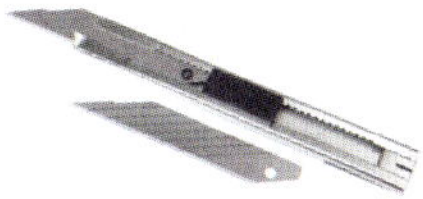

Un cutter

Un crayon

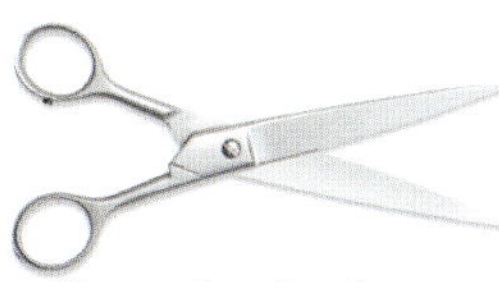

Une paire de ciseaux

RÉPULSIF POUR PLANTES

Les chats sont très souvent attirés par les plantes d'intérieur ! Certains les mordillent, d'autres grattent la terre ou s'en servent de litière. Pour empêcher votre chat de détériorer toutes vos plantes d'intérieur, procédez à quelques pulvérisations de répulsif inoffensif.

1 À l'aide de l'entonnoir, versez 25 cl d'eau dans la fiole. Ajoutez 5 à 7 gouttes d'huile essentielle.

2 Collez une jolie étiquette sur le flacon.

3 Vaporisez la terre de vos plantes avec ce répulsif pour dissuader votre chat de s'y installer.

LE CONSEIL DE LAETITIA

Utilisez des huiles essentielles dont l'odeur n'est pas appréciée par le chat : eucalyptus, citronnelle, agrumes (citron, mandarine, orange). L'huile essentielle de lavande peut aussi être utilisée comme répulsif mais certains chats n'y sont pas sensibles. Attention : les huiles essentielles sont toxiques voire mortelles par voie orale chez le chat, et ce dès la première goutte. Ne pulvérisez jamais en direction de l'animal et évitez de vaporiser sur les plantes s'il a tendance à les mâchouiller. La dilution peut être appliquée une fois par jour jusqu'à 1 m de la zone à protéger. Pour des plantes en jardinière ou en pot, il est possible d'imprégner de quelques gouttes d'huile essentielle des galets placés sur la terre.

IL VOUS FAUT

Une huile essentielle au choix

25 cl d'eau

Une fiole en verre avec un embout spray d'une capacité de 30 cl

Une étiquette

Un entonnoir

ÉTIQUETTE NOMINATIVE POUR CAISSE À CHAT

Idéales pour les déplacements, ces petites étiquettes nominatives faciliteront l'organisation, notamment pour les propriétaires de plusieurs chats. Simples, élégantes mais également résistantes, ces étiquettes permettront d'inscrire des informations comme la date de naissance de votre animal ou alors vos coordonnées. De quoi être plus serein.

1 Perforez le similicuir au milieu de la largeur, à 2 cm du bord. Placez un œillet dans ce trou puis poinçonnez pour le fixer.

2 Sur le rectangle de similicuir, tracez des lignes fines pour que les lettres soient droites et réparties harmonieusement. Frappez une à une les lettres d'un coup de marteau afin de graver dans le cuir le nom de votre chat, sa date de naissance, vos coordonnées ou toute autre information voulue, puis gommez les lignes.

3 Passez la ficelle dans le trou et nouez-la au sac de transport de votre chat.

LE CONSEIL DE LAETITIA

Pensez à bien identifier le sac ou la caisse de transport de votre chat quand vous le laissez chez le vétérinaire ou en pension. L'étiquette avec vos coordonnées doit être solidement attachée à sa caisse s'il doit voyager en soute lors d'un transport en avion même si je vous recommande vivement le voyage en cabine, à vos pieds. Vérifiez que la caisse de transport est bien fermée pendant le voyage : les chats sont les rois de l'évasion !

IL VOUS FAUT

Un morceau de similicuir de 10 x 5,5 cm

Un œillet

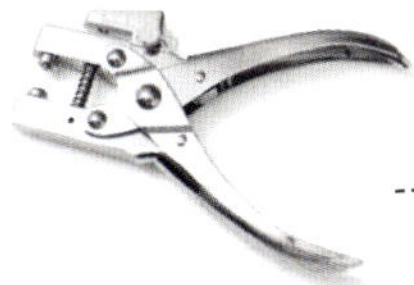

Une poinçonneuse

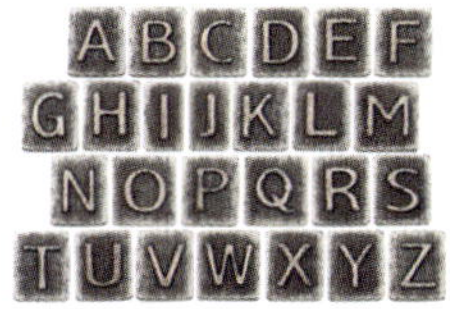

Des lettres à frapper

Une règle

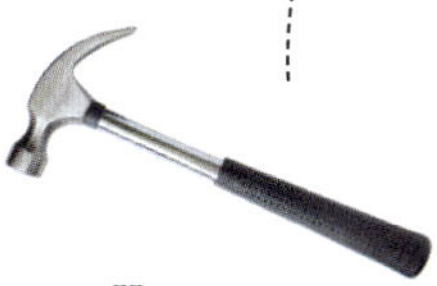

Un marteau

Une gomme

Une perforatrice

De la ficelle

Un crayon

LAISSE EN MACRAMÉ

Parfaite pour les nomades qui ne souhaitent pas se séparer de leur félin lors de leurs voyages ou tout simplement en ville, la laisse permet de sortir son chat en toute sérénité. Après l'avoir fixée à un harnais, vous pourrez balader vos petits compagnons en toute quiétude, grâce à cette laisse aussi esthétique que solide.

1 Glissez la lanière de similicuir dans l'anneau puis pliez-la de manière à faire se chevaucher les deux extrémités.

2 Perforez le similicuir à l'endroit où les deux extrémités de la lanière sont superposées, placez un œillet dans ce trou puis poinçonnez pour fixer le tout.

3 Coupez deux morceaux de corde de 2,40 m.

4 Fixez-les à l'anneau grâce à un nœud en tête d'alouette.

NŒUD EN TÊTE D'ALOUETTE

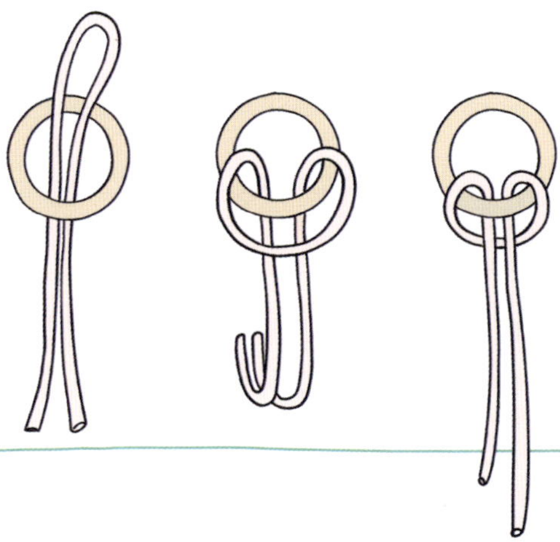

Pliez la corde en deux, passez la boucle ainsi créée dans l'anneau puis introduisez les deux extrémités de la corde dans la boucle et serrez.

IL VOUS FAUT

Un anneau en bois Ø 4 cm

Du cordon en suédine

Un œillet

Un morceau de similicuir de 48 x 2 cm

5 m de corde à macramé

Un mousqueton

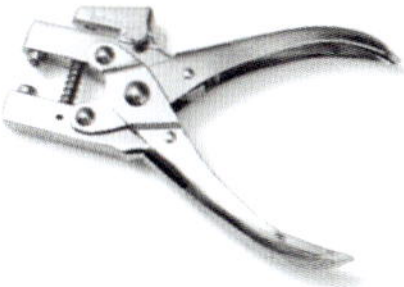

Une poinçonneuse

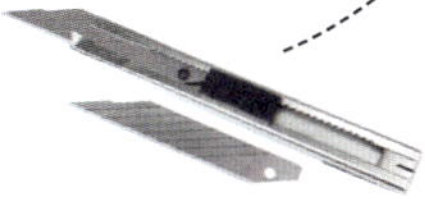

Un cutter

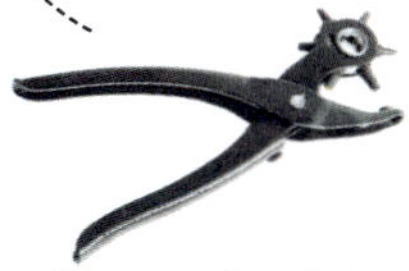

Une perforatrice

5 Avec les quatre brins, réalisez une série de demi-nœuds plats torsadés sur la longueur de votre choix.

DEMI-NŒUD PLAT TORSADÉ

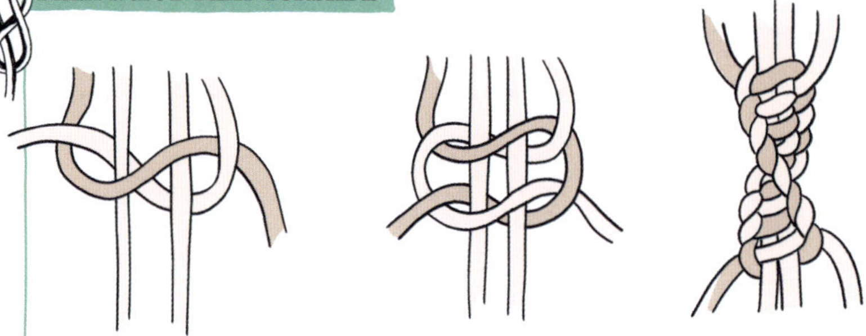

Passez le brin de gauche au-dessus des deux brins du milieu puis en dessous du brin de droite.

Passez le brin de droite en dessous des deux brins du milieu puis au-dessus du brin de gauche.

Serrez puis répétez cette action, toujours dans ce sens.

6 Au bout de ce nouage, glissez deux brins dans l'anneau du mousqueton, puis nouez-les aux deux autres brins par plusieurs nœuds simples.

7 Enroulez le cordon en suédine autour de ces nœuds et de la jonction entre la corde et le mousqueton.

LE CONSEIL DE LAETITIA

On ne promène pas un chat en laisse comme on le fait avec un chien. L'emmener dans la rue ou dans le parc à côté de chez vous peut être une source de stress pour certains chats. Si vous tenez à le faire, trois règles sont à respecter :
- lui mettre un harnais et non un collier. Le harnais est moins facilement détachable et le collier risque de l'étrangler s'il panique ;
- l'habituer au port du harnais et de la laisse, et aux sorties dès son plus jeune âge ;
- le balader toujours dans les mêmes endroits, où il retrouvera ses marques, ou l'habituer à « voyager » sur vos épaules.

LES TECHNIQUES DE NOUAGE

NŒUD SIMPLE

Réalisez une boucle, passez une extrémité dans la boucle ainsi formée, puis serrez (comme sous un ballon de baudruche).

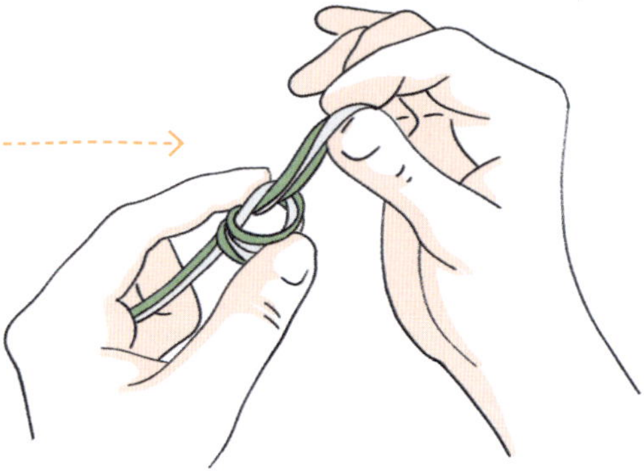

NŒUD EN TÊTE D'ALOUETTE

C'est le nœud de départ pour toutes les créations en macramé. Vous vous en servirez pour fixer la corde à votre support de montage, comme une baguette ou un anneau en bois. Vous obtenez deux brins prêts à être utilisés pour la réalisation de votre création en macramé.

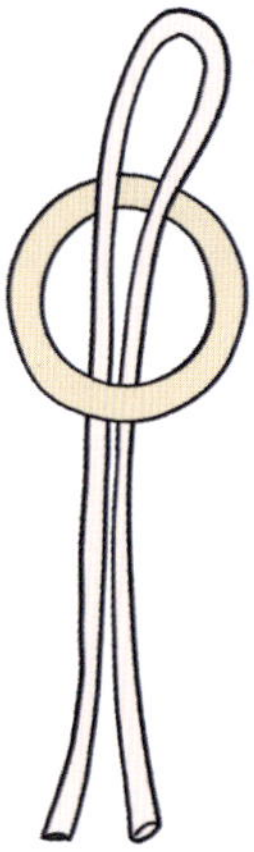

1 Pliez la corde en deux et passez la boucle ainsi créée dans l'anneau ou autour de tout autre support (corde, tourillon, etc.)

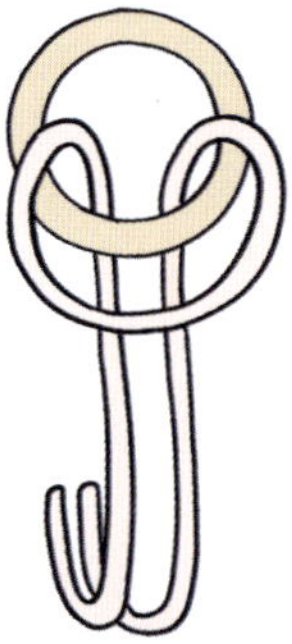

2 Introduisez ensuite les deux extrémités de la corde dans la boucle et serrez.

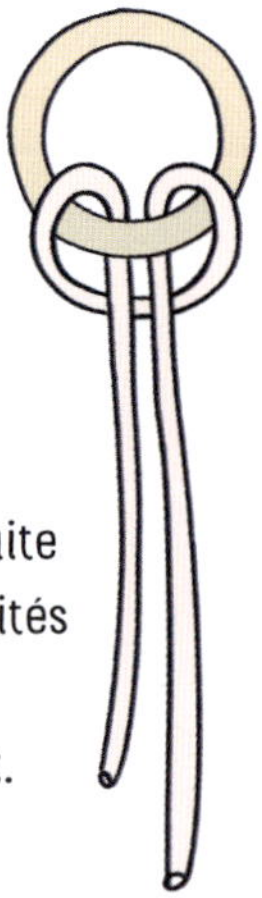

La corde est attachée au support grâce au nœud en tête d'alouette.
Si ce nœud est fait dans l'autre sens, alors c'est un nœud en tête d'alouette inversé.

NOEUD PLAT (OU NŒUD CARRÉ)

C'est le nœud emblématique du macramé. Incontournable et adaptable, il est habituellement réalisé avec quatre brins : deux brins centraux (les brins dormants) autour desquels les deux brins aux extrémités sont noués (les brins courants).

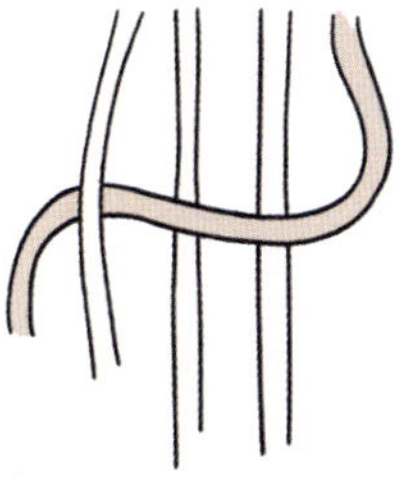

1 Passez le brin de droite devant les deux brins du milieu et derrière le brin de gauche.

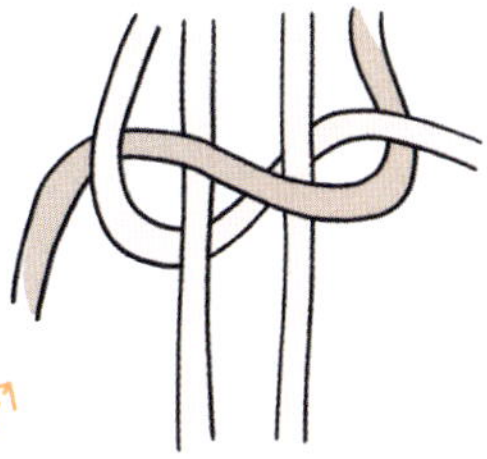

2 Puis passez le brin de gauche derrière les deux brins du milieu pour le ramener devant le brin de droite. C'est un demi-nœud-plat.

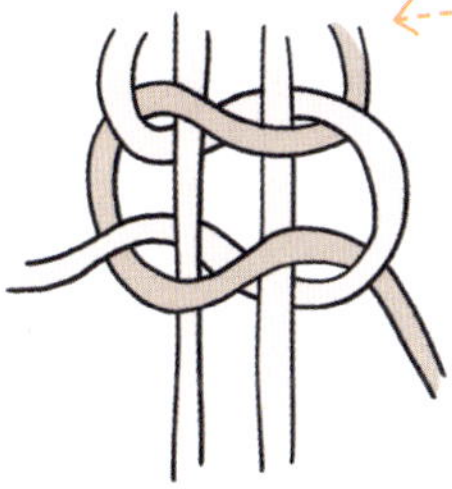

3 Répétez l'opération, mais en inversant, c'est-à-dire : passez le brin de droite derrière les deux brins du milieu et devant le brin de gauche. Puis passez le brin de gauche devant les deux brins du milieu et derrière le brin de droite.

4 Serrez le nœud.

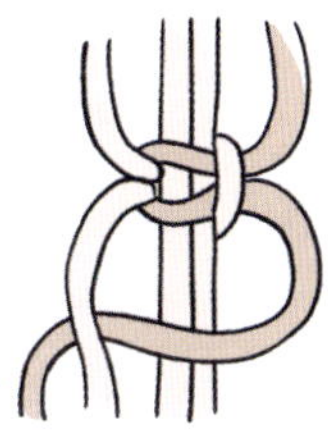

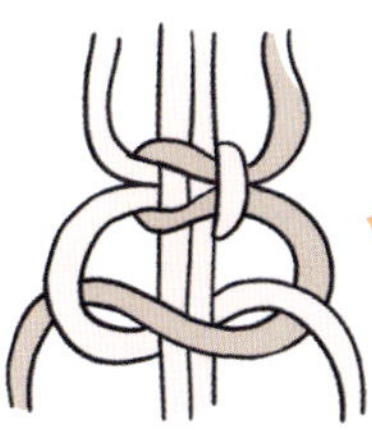

En effectuant une suite de nœuds plats, vous obtiendrez une barrette.

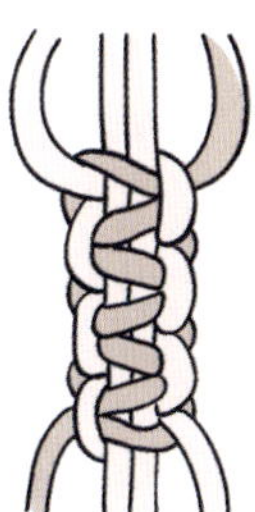

NŒUD PLAT ALTERNÉ

La technique de nouage est celle du nœud plat.
Ce qui diffère, ce sont les brins avec lesquels on réalise ces nœuds.

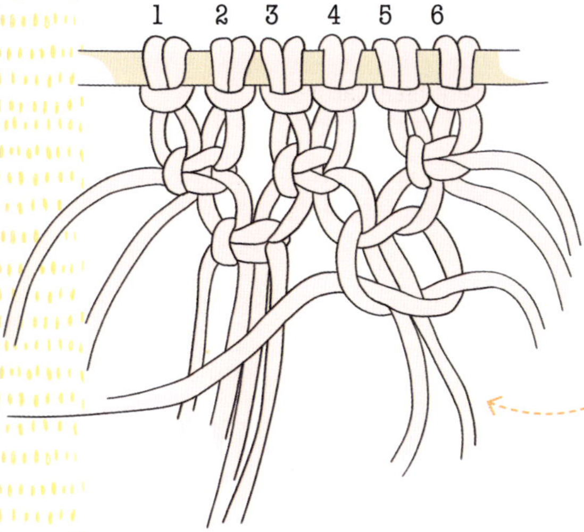

Si vous avez 6 cordes et donc 12 brins, commencez par réaliser 3 nœuds plats : 1 nœud à partir des cordes 1 et 2, 1 nœud à partir des cordes 3 et 4, et 1 nœud à partir des cordes 5 et 6. Réalisez ensuite 1 nœud à partir des cordes 2 et 3, 1 nœud à partir des cordes 4 et 5. Puis réalisez de nouveau 3 nœuds avec les paires initiales. Et ainsi de suite selon la longueur souhaitée.

DEMI-NŒUD PLAT TORSADÉ

Pour réaliser un demi-nœud plat torsadé, il suffit d'effectuer des demi-nœuds dans le même sens :

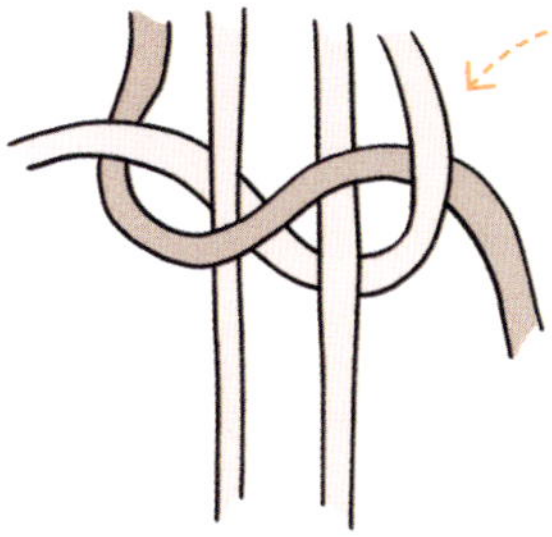

1 Passez le brin de gauche au-dessus des deux brins du milieu puis en dessous du brin de droite ; et passez le brin de droite en dessous des deux brins du milieu puis au-dessus du brin de gauche.

2 Serrez puis répétez cette action, toujours dans ce sens.

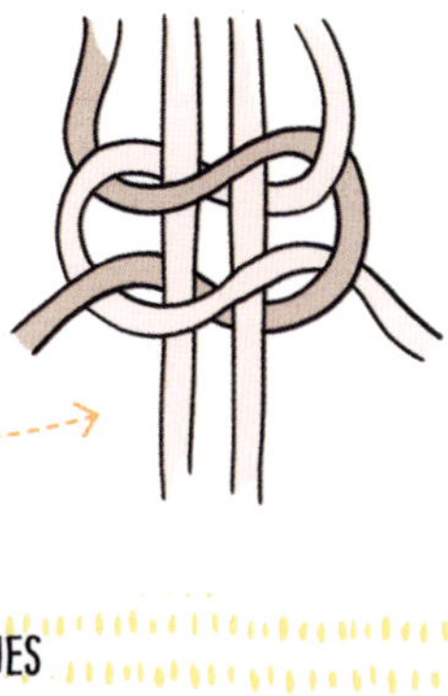

L'ensemble va se tordre naturellement, puisque le mouvement se fait toujours du même côté.

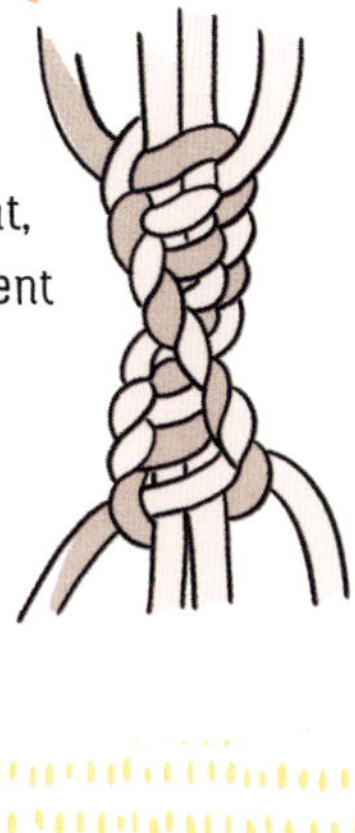

NOEUD DE BAGUETTE OBLIQUE (OU DIAGONALE)

Pour cette technique, nous allons former des boucles avec les brins verticaux autour du fil dit « porte-nœuds » ou « tige » qui se trouve à l'extrémité de l'ouvrage. La réussite de la technique tiendra à la manière de serrer les nœuds dans la bonne position autour de la tige, de manière à bien partir en diagonale.

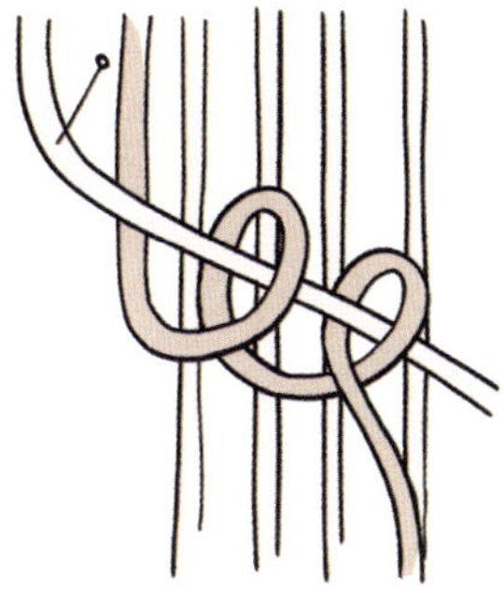

1 Pour une diagonale descendant vers la droite : placez le brin le plus à gauche en diagonale au-dessus de tous les autres brins en guise de tige.

2 Passez le deuxième brin le plus à gauche autour de la tige en passant d'abord par-dessous. Repassez-le ensuite sous la tige puis dans sa propre boucle et serrez ce premier nœud. Répétez l'opération avec le même brin pour obtenir un second nœud.

3 Laissez pendre le brin de ces premiers nœuds et faites deux nœuds avec le brin suivant et autant de brins qu'il faudra pour obtenir la baguette oblique de la longueur souhaitée.

Attention à placer vos nœuds chaque fois un peu plus bas, pour que la tige reste bien dirigée en diagonale.
Si vous voulez que la diagonale descende plutôt vers la gauche, suivez ces étapes mais avec le brin de droite en guise de tige.

Pour un **nœud de baguette oblique inversé**, réalisez le nœud en passant le brin d'abord par le dessus.

NŒUD DE BAGUETTE HORIZONTALE (OU BARRETTE HORIZONTALE)

Ce nœud se réalise avec un groupe de plusieurs brins, noués au bâton de montage (ou autre support) par des nœuds d'alouette.

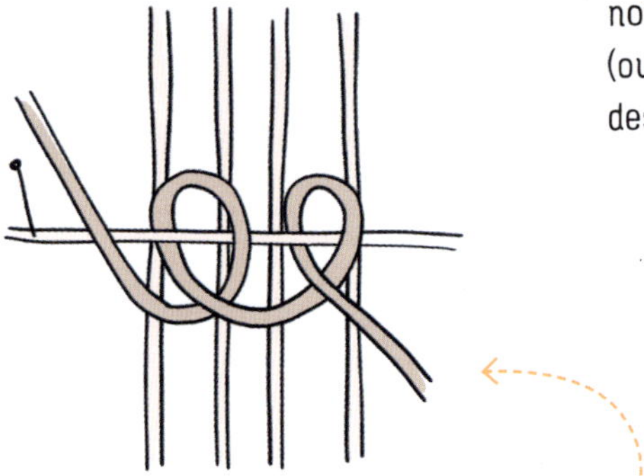

1 Placez le brin le plus à gauche à l'horizontale sur les brins verticaux (ou servez-vous d'un support pour incarner ce fil horizontal), en guise de tige.

2 Passez le deuxième brin le plus à gauche autour de la tige en passant d'abord par-dessous. Repassez-le ensuite sous le premier brin puis dans sa propre boucle et serrez ce premier nœud. Répétez l'opération avec le même brin pour obtenir un second nœud.

3 Laissez pendre le brin de ce premier nœud et faites deux nœuds avec le brin suivant et autant de brins qu'il faudra pour obtenir la baguette horizontale de la longueur souhaitée.

Pensez à maintenir la tige bien droite lorsque vous serrez les nœuds, de manière à rester parallèle à votre bâton de montage.

Pour un **nœud de baguette horizontale inversé**, réalisez le nœud en passant le brin d'abord par-dessus.

LES TECHNIQUES DE COUTURE

COUTURE INVISIBLE

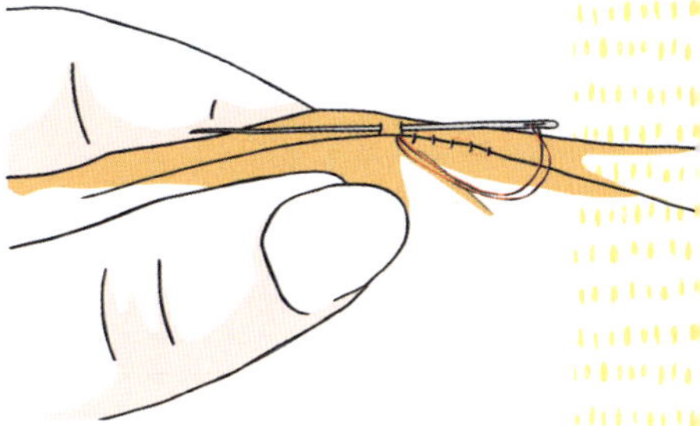

Déterminez les bords à assembler et pliez-les vers l'intérieur. Choisissez un fil de la même couleur que le tissu. Piquez dans l'un des bords et ressortez 5 mm plus loin dans le même bord, puis piquez le bord en face et ressortez 5 mm plus loin dans ce même bord. Alternez ainsi sur toute la longueur à coudre.

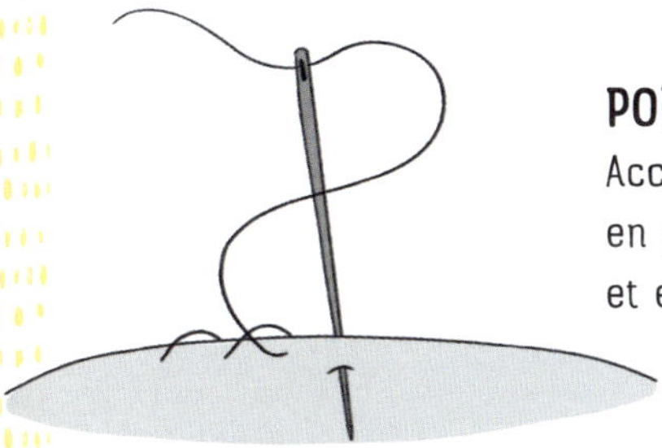

POINT DE SURFIL

Accolez les deux tissus et cousez-les ensemble en piquant toujours du même côté, à 3 mm du bord et en oblique.

POINT DE NŒUD

En broderie, le point de nœud est un point en relief très simple. Il permet de réaliser de jolis effets de plumetis. Sortez l'aiguille à l'endroit désiré. Enroulez le fil trois fois autour de l'aiguille, en le serrant fortement.
Piquez tout près de l'endroit où le fil est sorti la première fois, toujours en maintenant le fil. Tirez enfin l'aiguille en gardant votre fil bien tendu.

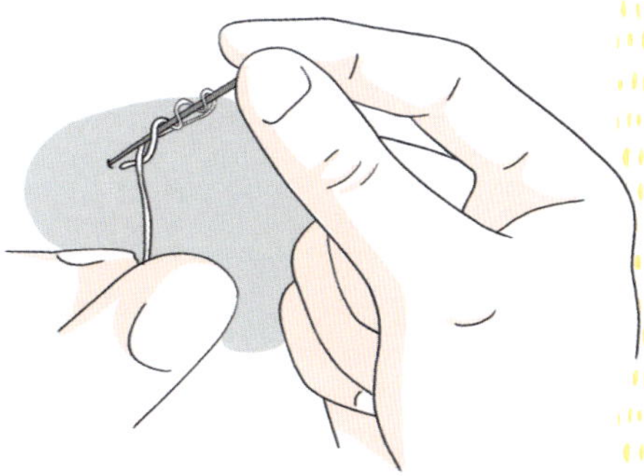

TABLE DES MATIÈRES

Livre éco-conçu

Le papier choisi pour ce livre est issu de forêts gérées durablement et certifié. En outre, soucieux de préserver l'environnement pour les générations futures, l'imprimeur se fournit en énergie issue uniquement de sources renouvelables, et il a obtenu les certifications PEFC, PFSC et Ecolabel. Cette préoccupation s'inscrit au cœur même de ses activités.

100% Renewable Energy Resources, the ones that won't run out

PEFC Certifié PEFC
Ce produit est issu de forêts gérées durablement et de sources contrôlées
PEFC/18-32-03
www.pefc-france.org

Ouvrage publié sous la direction d'Aurélie Starckmann

Réalisation éditoriale : Eulalie Chantreux
Textes : Andréa Rolland, *alias* La Délicate Parenthèse
Dr Laetitia Barlerin
Relecture et correction : Delphine Billaut
Conception graphique, illustrations et mise en pages :
Claire Morel Fatio
Photographies : © Andréa Rolland, *alias* La Délicate Parenthèse
Sauf photographies de matériel p. 19, 21, 23, 25, 27, 29, 31, 33, 35, 37, 40, 43, 47, 55, 57, 59, 61, 63, 69, 71, 73, 75, 77, 79, 81, 83, 89, 99, 101, 103, 105, 107, 109, 111, 113, 115, 117, 123, 125, 127, 129, 131, 133
et fonds p. 136-141 : © Shutterstock
et écran d'ordinateur p. 2 : © Vecteezy.com
Bandeau et p. 9 : Laetitia Barlerin : © Roberto Frankenberg

Éditions Albin Michel
22, rue Huyghens, 75014 Paris
www.albin-michel.fr

ISBN : 978-2-226-46456-9
N° d'édition : 24568/1
Dépôt légal : août 2021
Imprimé en Italie par Elcograf.